Constitucionalismo Digital

Constitucionalismo Digital

UMA INTRODUÇÃO

2022

Simão Mendes de Sousa

ALMEDINA

CONSTITUCIONALISMO DIGITAL

AUTOR

Simão Mendes de Sousa

EDITOR

EDIÇÕES ALMEDINA, S.A.

Avenida Emídio Navarro, 81, 3D

3000-151 Coimbra

Tel.: 239 851 904 · Fax: 239 851 901

www.almedina.net · editora@almedina.net

DESIGN DE CAPA

FBA.

PRÉ-IMPRESSÃO

EDIÇÕES ALMEDINA, S.A.

IMPRESSÃO E ACABAMENTO

2022

DEPÓSITO LEGAL

ALMEDINA | GRUPOALMEDINA

Biblioteca Nacional de Portugal – Catalogação na Publicação

SOUSA, Simão Mendes de

Constitucionalismo digital : uma introdução. – 1ª ed. – (Ideias jurídicas)

ISBN 978-989-40-0842-2

CDU 34

Para a minha Mãe Maria de Lourdes,
Pelo amor de ontem, hoje e sempre.

PREFÁCIO

Conheço bem o Mestre Simão Mendes de Sousa porque ele foi meu estudante, no curso de Licenciatura em Direito, na Faculdade de Direito da Universidade Católica Portuguesa, nas disciplinas de Direito Administrativo, no ano letivo de 2006/2007, e de Contencioso Administrativo, no ano de 2010/2011. Após ter terminado o Mestrado em Direito e Gestão, na Universidade Nova de Lisboa, em 2013, o Simão Mendes de Sousa frequentou a parte escolar do curso de Doutoramento em Direito, na Faculdade de Direito da Universidade de Lisboa, tendo sido de novo meu estudante na disciplina de Direito Constitucional, e estando agora a preparar a sua tese de Doutoramento.

Em todo o seu percurso académico, o Simão Mendes de Sousa revelou sempre qualidades como a inteligência, o gosto pela investigação, cuidada expressão escrita e oral e dedicação ao estudo e ao trabalho. Mas, no curso de Doutoramento, a acrescer a tudo isso, o Simão Sousa mostrou ainda uma vocação (que eu desconhecia, mas já bastante antiga, segundo apurei) para os domínios da informática e das novas tecnologias, o que o levou a entusiasmar-se pela problemática do Direito Constitucional Digital, indo à procura da doutrina estrangeira mais recente sobre o assunto e chegando mesmo a trocar correspondência com alguns colegas estrangeiros, grandes cultores desta nova área da Ciência do Direito. E ainda bem que assim o fez, pois isso permitiu-lhe elaborar um muito bom relatório de Doutoramento (com o título «A Autoestrada da Informação ainda não chega ao Constitucionalismo Digital»), que obteve uma das classificações mais elevadas, por mim atribuídas, nesse ano letivo.

O livro que agora prefacio, «Constitucionalismo Digital. Uma Introdução» corresponde basicamente ao relatório da parte escolar do Curso de Doutoramento, elaborado na disicplina de Direito Constitucional, por mim regida, e que tinha como tema «O Constitucionalismo sem Fronteiras». Trata-se de um trabalho pioneiro e extremamente interessante, uma vez que não existem muitos textos publicados, sobretudo entre nós, que adotem uma "metodologia sem fronteiras"[1], ainda para mais no domínio do constitucionalismo digital, que traz consigo "transforma-

[1] VASCO PEREIRA DA SILVA, "Direito Constitucional e Administrativo sem Fronteiras", Almedina, Coimbra, 2020.

ções essenciais no modelo de Estado democrático e de Direito" (HOFFMANN-RHIEM)[2].

Na verdade, os problemas colocados pelo novo constitucionalismo digital exigem «respostas jurídicas de todas as fontes e níveis: internacional, nacional, regional e local. Do ponto de vista das "leis fundamentais", esta é uma questão que necessita de ser equacionada em termos de constitucionalismo global, de Constituição Europeia e das Constituições nacionais , e que deve ser considerada na sua dupla dimensão: objetiva (relativa a princípios constitucionais, objetivos, tarefas para as autoridades públicas) e subjetiva (relativa a direitos fundamentais, proteção da dignidade humana)»[3].

Assim, tanto há que construir regras e princípios constitucionais para o digital, ao nível global, europeu e nacional, como há que falar em direios fundamentais digitais. No que respeita «à terceira geração

[2] HOFFMAN-RHIEM, «Ausgestaltung der digitalen Transformation im demokratischen Rechtsstaat», in: BIJAN FATEH-MOGHADAM/ HERBERT ZECH (Hrsg.), »Transformative Technologien. Wechselwirkungen zwischen technischem und rechtlichem Wandel», Baden Baden 2021, p. 15 - 51.

[3] VASCO PEREIRA DA SILVA, « Table Ronde : Constitution, Libertés et Numérique – Portugal », in INSTITUT LOUIS FAVOREU, « Annuaire Internationale de la Justice Constitutionnelle XXXVI (2021)», Economica / Presses Universitaires d'Aix-Marseille, 2022, p. 455 e Ss.; VASCO PEREIRA DA SILVA, «The New World of Information and New Technnologies in Constitutional and Administrative Law», in BUCK-HEEB / OPPERMANN, «Automatisierte Systeme», Beck, München, 2022, p. 425 e Ss.

de direitos fundamentais, nascidos com o "Estado Pós-Social", a tutela da dignidade humana em face da informação e das novas tecnologias, assim como a garantia de um meio-ambiente equilibrado, não apenas constituem os valores constitucionais mais "em moda" – estabelecendo metas, princípios e tarefas objetivas para a ação do Estado -, como também dão origem a novos direitos fundamentais – o direito de acesso e à proteção de dados e (mais amplamente) à autodeterminação digital, o direito ao ambiente, os direitos à proteção da dignidade humana nos domínios da genética e da biotecnologia, assim como os direitos procedimentais e processuais. Trata-se, portanto, de um conjunto de direitos integrantes da terceira geração que, sem prejuízo da sua dimensão material intrínseca, possuem também uma relevante dimensão procedimental, enquanto direitos de participação ou de quota-parte ("Teilhaberechte") no novo *status activus processualis*»[4].

[4] VASCO PEREIRA DA SILVA, « Table Ronde: C., L. et N. – P. », in INSTITUT LOUIS FAVOREU, «Annuaire I. de la J. C. XXXVI (2021)», cit., p. 455 e Ss.; VASCO PEREIRA DA SILVA, «The New World of I. and N. T. in C. and A. L-», in BUCK-HEEB / OPPERMANN, «Automatisierte S.», cit., p. 425 e Ss.

Por tudo isto, e muito mais coisas que vão ser equacionadas pelo autor nos termos da sua conceção pessoal, é para mim uma grande honra e prazer escrever estas breves linhas introdutórias, a pedido do Simão Sousa.

Vasco Pereira da Silva
(Professor Catedrático da Faculdade de Direito da Universidade de Lisboa
Professor Catedrático Convidado da Universidade Católica Portuguesa)

Lisboa, 24 de Outubro de 2022.

NOTA DE AUTOR

Quando escrevemos este texto, apesar dos sinais que, aqui e ali, surgiam da mutação que o mundo se encontrava a experienciar, estávamos longe de crer que um par de meses volvidos, seríamos confrontados com as imagens brutais de uma guerra na Europa.

A brutalidade da guerra tende a permitir várias mutações no mundo que conhecemos, e se o mundo livre passa a ser uma miragem na tentativa de garantir a segurança dos cidadãos, a informação que nos chega nesses momentos deve ser clara, isenta e livre, bem sabendo que a primeira vítima dos tanques e dos mísseis é, não a vida humana, mas a verdade dos factos. É lendária a tendência de espalhar desinformação nos momentos mais pesados na história moderna. Desta vez, estamos em crer que não será diferente, com o agravo da verificação de factos ser hoje muito mais complexa do que em outros momentos da nossa história.

Sucede que, estamos convictos, a guerra veio permitir a amplificação dos defeitos e das virtudes das plataformas digitais, como aliás descrevemos no texto que ora se dá à estampa. A guerra – como, por exemplo, a primavera árabe – passam em direto nas nossas mãos, nos nossos telemóveis, nos nossos computadores, mas também nas nossas televisões. A fonte deixou de ser, primacialmente, a reportagem e o repórter que filtra, se prepara e se informa, passando a ser aquilo que as vítimas desta horrenda guerra partilham. E, se a desgraça é sempre uma poderosa arma, às vítimas juntam-se os desinformadores, os agressores e os invasores, acrescentando à guerra dos mísseis, a guerra da imagem, do digital e da desinformação.

Ao jornalismo livre, competirá descobrir as fontes, a informação, deslindar entre a verdade e a mentira, entre o belo – sim, mesmo em guerra, há situações belas de resistência e amor que não podem deixar de ser noticiadas como fonte de esperança – e o horror, entre o que se quer difundir e o que se quer esconder. No limite, ao jornalismo e à imprensa, competirá filtrar o acervo de imagens e relatos que surgem um pouco por toda a parte, garantindo que, pelo menos nos sítios onde a imprensa é livre, temos acesso a informação fidedigna. O jornalismo tem de ser o pêndulo que não permite a propagação de informação falsa, brote ela de onde brotar, interesse ela ao lado da barricada que interessar.

Ao longo do texto esperamos contribuir para o debate que envolve qual a reação que o Direito Constitucional deve ter quando confrontado com os vários problemas que surgem do poder absoluto que as plataformas digitais possuem sobre os seus utilizadores, mas também como mitigar os efeitos nocivos – e muitos já documentados – das plataformas nas democracias, no Estado e no nosso quotidiano. É que o Direito Constitucional é a barreira que separa a democracia da tirania, o livre do oprimido, o Direito da anarquia. Por mais voltas que o mundo dê, e por mais modas que a sociedade impinja aos cidadãos, a primeira resposta aos problemas será sempre construída em torno do Direito Constitucional.

O texto que ora se partilha corresponde na sua essência ao nosso relatório final para avaliação do Seminário de Direito Constitucional do Curso de Doutoramento em Ciências Jurídico-Políticas da Faculdade de Direito da Universidade de Lisboa no ano-letivo 2020-2021, e foi escrito no último trimestre do ano de 2021, com o título original: "*A Autoestrada da Informação ainda não chega ao Constitucionalismo Digital*". É com orgulho que constatamos que, entre a sua escrita e a sua publicação, já viram a luz do dia variadíssimas obras de indiscutível qualidade sobre este tema, sendo certo que o texto publicado corresponde à nossa visão dos factos, mas também aquela que julgamos ser parte da resposta aos problemas com que nos deparamos diariamente.

Ao Professor Doutor Vasco Pereira da Silva, queremos aproveitar para endereçar o nosso grato reconhecimento pelo saber partilhado, pelos ensinamentos e, também, pelas sessões de psicanálise, sem as quais o conteúdo deste texto seria, certamente, de muito menor qualidade. O texto que aqui se apresenta é o produto desses debates e do desassossego científico que nos obrigou, de forma constante, a procurar saber mais. Agradecemos, penhorada e gratamente, a honra que nos concedeu ao prefaciar esta obra com o seu saber e eloquência.

Este texto pode ter sido escrito num momento histórico diverso daquele que nos encontramos a vivenciar, mas não deixa de permitir uma análise às plataformas digitais e à forma como estas podem promover eventos extremos de confrontação e polarização entre os indivíduos, sendo certo que essa polarização, crispação e confrontação, são o alimento que permite o funcionamento do modelo de negócio das empresas que são titulares de Direitos sobre estas plataformas digitais.

Todas as insuficiências que sejam encontradas ao longo das presentes linhas, apenas ao seu Autor podem ser assacadas.

Almada, setembro de 2022.

MODO DE CITAR

Os autores não serão citados, ao longo do texto, pelo último apelido, ou seja o modo convencional, sendo-o pelos dois últimos apelidos ou pelo nome completo, ainda que abreviado, por ser a forma como mais facilmente será reconhecido pelos seus pares. Contudo, na Bibliografia, os autores encontrar-se-ão organizados por referência ao último nome.

A primeira citação de cada livro ou artigo é feita, em nota de rodapé de forma completa, nos mesmos termos da referência bibliográfica final. As citações seguintes, feitas ao longo do texto, apresentarão apenas os elementos essenciais.

O presente texto foi escrito tendo por base as regras do comummente designado Novo Acordo Ortográfico. Existem, contudo, passagens que estão escritas de acordo com as anteriores regras ortográficas, que decorrem de citações e/ou enunciados normativos anteriores à entrada em vigor deste Novo Acordo Ortográfico. Por motivo de rigor científico mantivemos os textos enunciados *qua tale.*

ABREVIATURAS E ACRÓNIMOS

#RET	Revista Española de la Transparencia
Ac.	Acórdão
Cfr.	Confrontar/ Conferir
Cit.	Citada
Coord.	Coordenação
CRP	Constituição da República Portuguesa
ELPIS	European Legal Practice Integrated Studies
GoJIL	Goettingen Journal of International Law
HIIG	Alexander von Humboldt Institut für Internet und Gesellschaft
ICJP	Instituto de Ciências Jurídico-Políticas
i.e.	*Id est* – isto é
MPIL	Max Planck Institute for Comparative Public Law & International Law
NetzDG	Netzwerkdurchsetzungsgesetz
NYU	New York University
p.	Página
pp.	Páginas
Proc.	Processo
ss.	Seguintes
UPI	User Profile Information

VerfBlog	VerfassungsBlog
v.g.	*Verbi gratia* – por exemplo
Vol.	Volume

ÍNDICE

I. Colocação do Problema

I. A autoestrada da informação deve entender-se como um termo que surgiu no nosso léxico no século passado, a simbolizar a entrada da internet no nosso dia a dia, funcionando "*como uma rede global que permite o envio e partilha de informação em formatos ou aplicações diversos*"[1]. Na verdade, esta funciona como uma "*rede alargada de alto débito e de grande velocidade, capaz de transmitir dados de todas as espécies, designadamente dados multimédia e destinada a desempenhar o papel de infraestrutura da informação e comunicação ao serviço das populações, quer no plano nacional, quer no plano internacional*"[2].

A proposta é simples, ao circularmos nesta autoestrada, alcançaremos a sociedade da informação em que a informação chega ao nosso alcance de uma

[1] *cfr.* https://www.infopedia.pt/dicionarios/lingua-portuguesa/autoestradas.

[2] *Cfr.* Glossário da Sociedade da Informação da APDSI, disponível em: https://apdsi.pt/glossario/a/autoestrada-da-informacao/.

forma simples e acessível, promovendo o desenvolvimento pessoal e coletivo. E, se a tecnologia promoveu a criação da sociedade da informação, a esta restará a sociedade do conhecimento que, alicerçada na cultura de massas, promove uma mutação social impulsionada pelo desenvolvimento tecnológico, pelo crescimento do ser humano e fruição da sua criatividade, partilhando experiencias e gerando crescimento coletivo, num homem novo que deixa de estar fechado sobre si próprio, mas se abre a um novo mundo global de perguntas e respostas, um mundo ao alcance de um clique, em que é o utilizador que decide a informação que consulta, sem censuras ou limitações. O homem novo, cria-se não a partir de qualquer ideologia política ou crença religiosa, sejam elas mais ou menos musculadas, o homem novo é hoje um produto digital que comunica, cria e participa, um homem dedicado ao exterior, que não aceita totalitarismo, derrubando-os e mostrando ao mundo como os derrubou. O homem novo é um produto da liberdade espalhando-a um pouco por toda a parte. Será, contudo, que este é um homem mais apto a enfrentar o devir da sociedade? Será este homem verdadeiramente livre? Será este, verdadeiramente, um homem novo?

II. Da promessa à realidade do mundo atual dista muito mais do que a frustração das elevadas expectativas que foram criadas, dista deste logo a ideia de liberdade que seduziu este homem digital, dista a ausência de censura, distam as promessas realizadas por estas novas realidades que irromperam no nosso quotidiano com o dealbar do novo milénio e hoje assumem uma relevância maior do que nunca.

No seminal *"A Era do Capitalismo da Vigilância"*, SHOSHANA ZUBOFF ensaia uma definição daquilo que considera ser uma estrutura capitalista assente na vigilância, crítica e assertivamente, a Autora entende que com base nesse capitalismo, se verifica "*a origem de um novo poder instrumentário que começa a dominar a sociedade, apresentando assombrosos desafios para a democracia de mercado*", sendo esse "*um movimento que procura impor uma nova ordem coletiva baseada na certeza total*", que redunda na "*expropriação dos direitos humanos essenciais, que melhor se descreve como uma tomada de poder vinda do topo: o derrube da soberania do povo*"[3]. E se é verdade que à Autora sobra a inspiração neomarxista e catastrofista assente na lógica de passar uma borracha por todas as décadas de desenvolvimento tecnológico, não se pode dizer que ao brilhantismo da sua análise, falte a consciencialização de que existe um problema que importa resolver.

E essa consciencialização chegou, para além de todas as análises que pulularam nos últimos anos ao fenómeno digital, ao constitucionalismo um pouco antes, com o fenómeno da globalização a que nem o Direito em geral, nem o Direito Constitucional em

[3] *Cfr.* SHOSHANA ZUBOFF, *A Era do Capitalismo da Vigilância – A Disputa por um Futuro Humano na Nova Fronteira do Poder*, Tradução: LUIS FILIPE SILVA e MIGUEL SERRAS PEREIRA, 2020, Lisboa, Relógio de Água, p. 12, n.ºs 6, 7 e 8.

particular, foram estranhos. Na verdade, já PETER HÄBERLE na comemoração do seu octogésimo aniversário lançou a questão de saber como poderia o constitucionalismo universal proteger a privacidade dos utilizadores[4]. Hoje mais do que nunca, é ao constitucionalismo que competirá atravessar a autoestrada da informação rumo a um constitucionalismo digital que encontre as respostas adequadas à limitação de um poder que se demonstra excessivo e reside capturado por poucas entidades privadas, em esquemas internos que relembram, não raras vezes, os Estados absolutistas que tudo podiam e tudo impunham.

III. Assim, pretendemos iniciar o nosso estudo com uma análise sobre as Plataformas Digitais e as suas Fases de Desenvolvimento (*infra* **II**), subdividindo o capítulo em dois pontos: o primeiro, relativo a densificação daquilo que entendemos por Plataformas Digitais; e, um segundo, relativo às fases de desenvolvimento das Plataformas Digitais. Este último, dividir-se-á em cinco alíneas, para analisar as cinco fases de desenvolvimento que cremos existirem.

[4] Perguntava PETER HÄBERLE: "*Was kann die Lehre vom universalen Konstitutionalismus in Sachen Privatheitsschutz leisten? Derzeit gleicht das Internet einem rechts- und staatsfreien Raum. Wird eine universale digitale Grundrechte-Charta der UN möglich, mit einem Ausgleich des Konflikts zwischen Freiheit und Sicherheit?*". *Cfr.* PETER HÄBERLE, *Dankesrede Lissabon 13. Mai 2014*, **in** O Constitucionalismo do Séc. XXI na sua Dimensão Estadual, Supranacional e Global. Congresso em honra de PETER HÄBERLE (por ocasião do seu 80.º aniversário), Coord.: Vasco Pereira da Silva/ Francisco Balaguer Callejón, Maio de 2015, Lisboa, ICJP – Instituto de Ciências Jurídico Políticas, p. 286.

Avançaremos, para o que designamos de Descontrolo das Plataformas Digitais e o Surgimento da Esfera Pública Digital (*infra* **III**), em que analisaremos os problemas do poder excessivo das plataformas digitais; a passagem da esfera pública para a esfera pública digital; e, finalizaremos o capítulo, sobre como as plataformas são um assunto de Direito Público.

Assumidas que se encontram estas premissas é tempo de considerar a Constitucionalização das Plataformas Digitais como um Imperativo de Direito Constitucional (*infra* **IV**), e aí versaremos sobre a Constitucionalização das Plataformas Digitais; analisaremos a Doutrina do Constitucionalismo Global; finalizando o capítulo com a análise do Constitucionalismo Multinível e o Constitucionalismo Europeu.

O último capítulo do nosso estudo propõe a passagem do Constitucionalismo Digital para o *governance* Digital Multinível (*infra* **V**), subdividindo-se na análise da matéria do Constitucionalismo Digital; da estrada das soluções nacionais e europeias como o caminho para o *governance* digital multinível, e nesta merecem referência as experiências portuguesa, alemã e europeia, bem como um balanço conclusivo do caminho percorrido. Terminaremos o capítulo e o estudo com a proposta do *governance* digital multinível.

II. As Plataformas Digitais e as Fases do seu Desenvolvimento

1) As Plataformas Digitais

I. Metodologicamente, poderíamos iniciar este estudo com uma distinção entre redes sociais e plataformas digitais, sendo as primeiras analisadas mediante as suas idiossincrasias, de forma diferenciada das segundas.

Sucede que, mediante a proximidade que entre umas e outras existe, mas também pela relativa indiferença para os resultados finais de tal distinção, optaremos por uma construção que assinale apenas os seus denominadores comuns, optando por um conceito amplo de plataformas digitais, nele se englobando as redes sociais.

II. Importa avançarmos, desde já, para uma densificação do que se entende por *redes sociais*. Na verdade, estas podem ser simplisticamente tidas como os sítios da internet ou as aplicações, que permitem aos utilizadores a criação de conteúdos ou participação numa determinada comunidade[5]. Nuns casos, são mais aptas à criação de relações pessoais, com perfil próprio e criação de rede de contactos (*v.g.* Facebook); para, noutros casos, serem mais visuais, mediante a partilha de conteúdos fotográficos (*v.g.* Instagram); num outro caso, o utilizador da rede social, pode partilhar informação mais direta e simplificada (*v.g.* Twitter); ou, ainda, partilhar conteúdos profissionais (*v.g.* LinkedIn).

Assim, em todos os exemplos, ao utilizador cabe a criação do conteúdo a partilhar, redundando num amplíssimo exercício da sua liberdade de expressão, de exposição e recolha de vários pontos de vista, mas também na explicitação das suas posições políticas e/ou religiosas entre todos os outros campos da vivência em sociedade.

III. Como bem se compreenderá, sendo as *plataformas digitais* um termo mais amplo, podem ser tidas como o conjunto de serviços disponíveis que facilitam o contacto entre diversos tipos de utilizadores. Assim, cuida-se do local em rede, em que produtores e utilizadores se encontram com vista a um determinado resultado. O acesso a estas plataformas, pode ser

[5] *Cfr.* Allyson Haynes Stuart, *Social media, Manipulation and Violence,* **in** South Carolina Journal of International Law and Business, Vol. 15, N.º 2, 2019, p. 100, nota 2.

realizado por meio de uma aplicação móvel, ou através de um sítio na internet.

Um exemplo que, com os tempos pandémicos que vivenciamos ganhou especial enfâse, são os espetáculos culturais transmitidos em rede. Assim, a plataforma digital transmite um determinado espetáculo de um agente cultural, que expõe a sua arte a quem pretenda assistir, mediante o pagamento, ou não, de uma quantia pecuniária. A Amazon, a Google, o YouTube, o Zoom, e todas as redes sociais a que já aludimos, são plataformas digitais.

IV. Como tivemos oportunidade de constatar, as diferenças entre umas e outras são quase nulas, mas os denominadores comuns, são aquilo que permite a conclusão de redes sociais enquanto plataformas digitais, ainda que numa aceção ampla destas. É que, desde logo, ambas são transnacionais, democratizando o acesso global à recolha e disseminação de opinião dos seus utilizadores[6], permitindo que os problemas que estas originam sejam também eles globais, mercê da sua transnacionalidade.

Acresce que, o funcionamento de umas e outras se baseia num algoritmo preditivo que, mediante a recolha de dados do utilizador, produz uma matriz de análise de dados, permitindo a avaliação de comportamentos futuros, mas também a antecipação de comportamentos dos utilizadores mediante determinados

[6] *Cfr.* TOMMASO FROSINI, *Internet Y Democracia,* **in** Revista de Derecho Constitucional Europeo, Año 15, Número 30, julio-diciembre de 2018, pp. 69-70

estímulos, antecipando a resposta do utilizador a uma determinada ação. A personalização da experiência de utilização é uma decorrência deste algoritmo. Na verdade, ainda que esta personalização do conteúdo exibido possua evidentes vantagens, tem como inequívoca desvantagem o possível acantonamento dos utilizadores, numa espécie de caixa de ressonância do seu próprio pensamento, sem sujeição a contraditório ou a visões dissonantes da sua[7], conduzindo potencialmente à assunção de posicionamentos mais extremos ou radicais[8]. A personalização de conteúdos, conduz à filtração daquilo que chega ao utilizador final de forma digital e autonomizada, podendo ser essencial na manipulação da esfera de decisão do utilizador da plataforma[9].

As plataformas digitais permitem, apesar de tudo, uma democratização do acesso à informação, podendo até promover a criação de fóruns de debate independente, motivando a cidadania participada, à distância de um clique, permitindo a criação de uma

[7] *Cfr.* Elizabeth Dubois/Grant Blank, *The Echo Chamber is Overstated: The Moderating Effect of Political Interest and Diverse Media,* **in** Information, Communication & Society, Vol. 21, N.º 5, 2018, p. 729.

[8] *Cfr.* Cass Sunstein, *Is Social Media Good or Bad for Democracy?,* **in** SUR – International Journal on Human Rights, 27, 2018, p. 84.

[9] *Cfr.* Balaguer Callejón, *Redes Sociais, Companhias Tecnológicas e Democracia,* Tradução de: Hugo César Araújo De Gusmão, **in** Revista de Estudos Institucionais, Volume 6, N.º 2, Maio/Agosto de 2020, pp. 582-583.

espécie de «*e-democracy*»[10]. As plataformas podem ser, ainda, relacionadas com uma sociedade mais liberal, pela facilidade com que permite que todos os tipos de pessoas se relacionem, se expressem e acedam à informação que procuram[11].

Por último, e como já demos nota, um dos problemas mais relevantes das plataformas digitais, prende-se com o seu modelo de negócio assente na recoleção e tratamento de dados produzidos pelo utilizador. Ora, é este modelo assente na recolha de dados de navegação que permite o funcionamento e a alimentação do algoritmo preditivo, e que permite a antecipação do tipo de anúncios e produtos que devem ser aptos a apresentar ao utilizador que selem uma determinada venda. Numa palavra, a recoleção de dados permite a previsão do comportamento do utilizador, *i.e.* aposta-se no totoloto, quando previamente se conhecem os números vencedores. Há quem considere que este modelo de negócio, é o reverso da medalha da gratuitidade de serviço oferecido pelas plataformas[12], sendo certo que, a partilha e recolha de

[10] *Cfr.* Ingolf Pernice, *EU Democratic Legitimacy and Multilevel Constitutionalism in the Digital Age?*, **in** International Conference on 'European Economic Governance And The Future Of European Democracy', Rome-Ventotene, 2016, p. 4.

[11] *Cfr.* Tommaso Frosini, *Internet...*, cit., pp. 63-64.

[12] *Cfr.* Jack Balkin, *Fixing Social Media's Grand Bargain*, **in** Aegis Series Paper, N.º 1814, 2018, Yale Law School, Public Law Research Paper, p. 3.

dados não se cinge apenas ao utilizador, mas a todos com os quais este se relaciona nas plataformas[13].

Em seguida, avaliaremos as fases de desenvolvimento das plataformas digitais.

2) As Fases de Desenvolvimento das Plataformas Digitais

A construção que pretendemos realizar, parte do pressuposto que são cinco as fases de desenvolvimento das plataformas digitais. E, fazemo-lo quer pelo nosso ponto de partida, que se situa com as primeiras promessas de um acesso global à informação com a data de fundação da Google em 1998, e do conceito que lhe serve de base, como também, por considerarmos que com o surgimento do vírus SARS-COV2 que desencadeia a doença da COVID-19, há uma mutação significativa das plataformas digitais. Essa mutação decorre quer pela banda da criação de conteúdo sobre a pandemia, como também pela disseminação desse conteúdo e acesso a informação, mas também aumento dos verificadores de factos automatizados, e velocidade com que a desinformação pandémica passou a marcar o quotidiano de desinformadores globais, modificando a fase atual de desenvolvimento das plataformas digitais.

[13] *Cfr.* Jack Balkin, *Fixing...*, cit., p. 5.

Assim, sintetizamos cinco fases de desenvolvimento, a saber: **(i)** a fase do surgimento; **(ii)** a fase da implementação; **(iii)** a fase da globalização; **(iv)** a fase problemática; e, por fim, **(v)** a fase atual.

a) *A Fase do Surgimento*

I. O ponto que na nossa construção marca o início da história e, bem-assim a fase do surgimento das plataformas, inicia-se com o surgimento da Google, no ano de 1998 e finalizando-se, como veremos, com a descoberta da UPI (*user profile information*).

A fundação da empresa assumiu a promessa da democratização e massificação do acesso à informação, omitindo o detalhe que faz toda a diferença, a recolha de dados de pesquisa, interação e utilização do serviço. É certo que, no momento inicial, a empresa se limitava a recolher os dados e armazená-los sem deles retirar qualquer proveito[14]. Posteriormente, os dados recolhidos pela Google, passaram a ser utilizados pela empresa para a melhoria do serviço, *i.e.* reinvestindo esses dados no utilizador e na sua experiencia de utilização, uma vez que permitiam traçar um perfil do comportamento humano na utilização do serviço[15].

[14] *Cfr.* SHOSHANA ZUBOFF, *A Era...*, p. 85.

[15] *Cfr.* SHOSHANA ZUBOFF, *A Era...*, cit., pp. 86-87.

II. Neste lapso temporal, foi percetível que a tecnologia criada poderia ser utilizada para a melhoria do acesso à informação, sendo diferenciada de todos os esboços de motores de pesquisa até então criados. Contudo, um bom serviço, não assegura a manutenção de uma boa empresa, sendo certo que o seu fraco plano de negócios, permitiu que a bolha tecnológica das «*dot-com*», nos anos 2000, fizesse da Google mais uma possível baixa em *Silicon Valley*.

É assim que, em 2002, mediante o alerta vermelho lançado pela empresa que via a sua sustentabilidade e viabilidade em risco, confrontando-se com a dificuldade em manter a sustentabilidade do negócio, lidando, ainda, com a avidez dos financiadores de *start-ups* tecnológicas, que exigiam lucros e rentabilidade a todo o instante, permite que a empresa reúna esforços para que não seja mais uma vítima da referida bolha. Assim, esta conjuntura difícil levaria a Google a descobrir a invenção que lhe mudaria o rumo e a tornaria rentável. É assim que, em 2003 a Google regista uma patente revolucionária que permite fazer uma leitura dos dados recolhidos, mediante a categorização e reaproveitamento dos dados de navegação dos utilizadores, criando ferramentas de análise dos padrões de pesquisa e conteúdo, que permite direcionar a publicidade apresentada especificamente para um determinado perfil de utilizador[16].

[16] *Cfr.* Shoshana Zuboff, *A Era...*, cit., p. 97.

A descoberta da UPI (*user profile information*), marca o final da primeira fase de desenvolvimento das plataformas. De ora em diante, as plataformas não se limitaram a recolher e armazenar dados, passaram a integrar esses dados todos, permitindo a personificação de todas as propostas que se fazem ao utilizador, como também à criação de um perfil detalhado do utilizador. Este ativo valioso que, inicialmente, se direcionava apenas para o mercado publicitário, rapidamente demonstrou ser o momento que mudaria a história da revolução digital, abrindo caminho ao verdadeiro império das *big-tech*.

b) *A Fase da Implementação*

I. A segunda fase que, na nossa construção denominamos de *fase de implementação* corresponde ao período compreendido entre o ano de 2003, com a entrada em funcionamento da UPI (*user profile information*) e sua plena funcionalização, até ao advento da primavera árabe em 17 de dezembro de 2010.

Nesta segunda fase, a Google experimenta os efeitos da massificação e universalização da empresa, acumulando todo o tipo de dados e análises comportamentais, lucros e novos serviços que permitiam uma influência cada vez maior no mercado das tecnológicas. Em 2004 é fundado o Facebook, obedecendo aos mesmos princípios de recolha e análise de dados para predição e previsão de comportamentos; em 2005, é fundado o YouTube; em 2006 o Twitter e em 2010 o Instagram. A estes exemplos, poder-se-iam acrescentar outros tantos que demonstram como até 2010, as empresas sucediam-se e os negócios em torno destas plataformas se duplicavam. Contudo, o mais impressivo de todos os lançamentos, pertence à Apple, e dá pelo nome de iPhone no ano de 2007, sucedendo-lhe, três anos mais tarde o iPad. Com estes, as plataformas puderam experimentar a portabilidade, passando a estar presentes um pouco por toda a parte. A ideia, de tão simples, surpreende, dado que, com uma simples ligação à internet, os dois dispositivos permitem realizar o mesmo tipo de tarefas de um computador[17]. Estes dois dispositivos e seus similares, amplificam as possibilidades de controlo e armazenamento de dados, bem como uma constante geolocalização dos utilizadores.

II. Estas inovações, permitem a mudança de comportamento dos utilizadores, produzindo vídeos, imagens e conteúdos quase em tempo real, compartilhando-as com uma audiência potencialmente gigantesca, que a cada clique interage, comenta, identifica outras pessoas ou partilha conteúdo *ad nauseam*, ampliando as possibilidades de um instantâneo acesso à tecnologia que limita a privacidade, mas generaliza o momento experienciado[18]. É tam-

[17] *Cfr.* Russel Weaver, *Social Media Platforms and Democratic Discourse*, **in** Lewis & Clark Law Review, Volume 23, N.º 4, 2020, p. 1388.

[18] *Cfr.* Ana Galdámez Morales, *Posverdad y Crisis de Legitimidad: El Creciente Impacto de las Fake News*, **in** #RET Revista Española de la Transparencia, N.º 8, 2019, p. 27.

bém nesta fase que se implementa a personalização da utilização, em que os conteúdos apresentados pelas plataformas estão direcionados especificamente para o utilizador.

Esta fase finda-se em 17 de dezembro de 2010, data em que MOHAMED BOUAZIZI se emula em chamas desencadeando aquela que viria a ser chamada de Primavera Árabe[19], uma revolução juvenil com força na esfera pública digital personificada em AMENI GHIMAJI, de 18 anos e punho em riste, simbolizando a revolta e a resistência, naquela que viria a ser a primeira revolução digital.

c) *A Fase da Globalização*

I. No dealbar da primavera árabe e com o advento desta, avançamos para uma nova fase de desenvolvimento – a *fase da globalização*. Importa, desde já, salientar que a primavera árabe foi uma revolução que passou a ser acompanhada em tempo real, mercê da sua digitalização. Esta revolução quase digital, difundiu a ideia segundo a qual a tecnologia e as plataformas digitais baseadas na internet, se assumem como a força que fomentava a mudança política e que com ela se conseguiria disseminar a democracia para todos os povos[20].

[19] *Cfr.* RUSSEL WEAVER, *Social Media...*, cit., pp. 1390-1395.

[20] *Cfr.* TOMMASO FROSINI, *Il Costituzionalismo Nella Società Tecnologica*, **in** Diritto dell'Informazione e dell'Informatica, Fasc. 3, Vol. 1, 2020, p. 14.

As expectativas eram, em face disto, muito elevadas e assumidas na premissa de que o acesso à informação em tempo real de forma global através da internet, permitia a transformação da sociedade, sendo o homem novo um animal puramente digital, e assim com o apoio das plataformas digitais, se passava do obscurantismo para o «*power to the people*», num momento ímpar de transformação da sociedade[21]. Na verdade, acabou por se produzir um choque incontrolável de protesto, digitalizando-o, levando para as ruas todo o descontentamento que grassava nas caixas de comentários, mostrando em tempo real a todos quantos quisessem assistir, uma nova forma de protesto, inorgânica e desorganizada[22], mas suficientemente poderosa para ser levada em consideração.

II. Por esta altura, a forma de operar das plataformas já avançava a todo o vapor, mais do que a mudança do mundo, estava organizada a mudança da forma de protesto do mundo. A «*revolução*» passava a centrar-se no ecrã e na ponta dos dedos, as elites poderosas temiam o digital, porque as obrigava a sair de um casulo de poder sem qualquer tipo de confrontação[23]. As entidades público-administrativas, pas-

[21] *Cfr.* Ingolf Pernice, *Global Constitutionalism and the Internet. Taking People Seriously*, in HIIG Discussion Paper Series, N.º 2015-01, 2015, p. 34.

[22] *Cfr.* Balaguer Callejón, *Redes Sociais...*, cit., p. 588.

[23] Veja-se por exemplo Jack Balkin, que considera que a participação na cultura digital é uma forma de exercício democrático dos indivíduos, assumindo nós que isso se processa pela conclusão a que o

saram a olhar com maior detalhe para as facilidades de comunicação da *nouvelle* sociedade de massas, comunicando através do digital as situações de crise e emergência. Os políticos, também eles, passaram a teorizar online, todo o tipo de matérias[24] e a interagir com os seus eleitores em tempo real, permitindo o surgimento de novos políticos e novas forças políticas, num processo de disrupção que se desenvolveu rapidamente e, ainda hoje, está longe de se encontrar estabilizado.

Como bem se compreenderá, com esta mutação, as plataformas foram sentindo um aumento gradual da sua influência e do seu poder, que lhes permite uma maior expansão da sua atividade alicerçada numa agressiva política de aquisições de potenciais concorrentes[25], ampliando as suas unidades de negócio e concentrando um poder fechado em poucas entidades privadas que operam de forma global alicerçadas no princípio da liberdade de expressão e discurso livre[26].

Autor chega em linhas seguintes que a formação da opinião pública é uma das maiores formas de demonstração de poder. *Cfr.* Jack Balkin, *Cultural Democracy and The First Amendment,* **in** Northwestern University Law Review, Vol. 110, N.º 5, 2016, pp. 1060-1061.

[24] *Cfr.* Lorenzo Casini, *Lo Stato Nell'Era di Google,* **in** Rivista Trimestrale di Diritto Pubblico, Fasc. 4, Vol. 1, 2019, p. 21.

[25] *Cfr.* Jack Balkin, *Free Speech Is a Triangle,* **in** Columbia Law Review, Vol. 118, N.º 7, 2018, pp. 2035-2036.

[26] Cfr. Giovanni de Gregorio, *From Constitutional Freedoms to The Power of The Platforms: Protecting Fundamental Rights Online in The Algorithmic Society,* **in** European Journal of Legal Studies, Vol. 11, N.º 2, 2019, p. 73.

Sumarizando, até 2016 era este o estado da arte, uma ilusão de um mundo novo, alavancado por uma comunicação global que iria espalhar informação democratizando-a, permitindo que se terminassem ditaduras e proliferasse uma democracia de massas. Como veremos, a esperança esfuma-se rapidamente com o devir próprio dos processos eleitorais que demonstraram, à saciedade que estas podem trazer turbulência e manipulação ao resultado destes.

d) *A Fase Problemática*

I. Em 2016 conhecemos o lado mais negro das plataformas digitais, e iniciámos uma nova fase de desenvolvimento – a *fase problemática*. Problemática, porque percebemos que o efeito transformador das plataformas apenas incidiu sobre a forma de protestar, permitindo a disseminação desse protesto um pouco por toda a parte, mas do ponto de vista do processo democrático, não verificam melhorias nenhumas. Aliás, pode até dizer-se que a qualidade da democracia piorou substancialmente. A fase que vamos estudar nestas linhas, estende-se até ao final de 2019, onde um vírus desconhecido, uma vez mais permite todo o tipo de modificações e sobrevivência das plataformas digitais.

Como dissemos, o que mudou foi a intensidade do protesto, sobretudo porque nos encontrávamos numa fase de ressaca de uma crise económica profunda que amplificou assimetrias, mas acima de tudo permitiu que as plataformas digitais abrissem espaços aos «*global demagogues*»[27], que explorando as assimetrias criadas e o sofrimento alheio sentiram que era este o tempo de espalhar a sua cartilha polarizadora[28].

II. O populismo 2.0 impulsionado pelas plataformas digitais que fazem escola no preenchimento de todos os espaços da esfera pública digital, são favorecidos por campanhas de desinformação e polémica que, mercê de uma sociedade cada vez mais dividida e polarizada[29], vão aumentando o seu grau de influência, permitindo o caos dos processos eleitorais democráticos, minando o debate com um discurso populista radical que gerando emoções fortes nos seus destinatários, tanto no apoio como na rejeição, influenciam o algoritmo em que estas se baseiam, permitindo um maior destaque e uma maior onda de disseminação de conteúdos de desinformação e *fake news*, que minam o processo de formação da vontade democrática dos destinatários destes conteúdos[30]. Como bem se compreenderá, é do interesse das

[27] *Cfr.* Anya Schiffrin, *Disinformation and Democracy: The Internet Transformed Protest But Did Not Improve Democracy*, **in** Journal of International Affairs, Vol. 71, N.º 1, 2017, p. 118.

[28] *Cfr.* Anya Schiffrin, *Disinformation...*, cit., p. 123.

[29] *Cfr.* Cass Sunstein, *Democracy and the Internet*, **in** Information Technology and Moral Philosophy, Editores: Jeroen Van Den Hoven e John Weckert, 2008, New York, Cambridge University Press, p. 101.

[30] *Cfr.* Balaguer Callejón, *Las Dos Grandes Crisis Del Constitucionalismo Frente a la Globalización en el Siglo XXI*, **in** Revista de Derecho Constitucional Europeo, Año 15, Número 30, julio-diciembre de 2018, p. 38.

plataformas a instabilidade político-social, funcionando estas como verdadeiras alavancas da desinformação[31].

Assim, é natural que a proliferação deste tipo de conteúdos desinformativos, decorra da existência de desinformadores profissionais[32], mas também da vastidão do auditório, potenciada pela velocidade de funcionamento das plataformas digitais, baseadas num algoritmo sensível a polémicas que facilita a disseminação da indignação do público-alvo de forma rápida e global[33].

III. Como momentos-chave desta fase, podemos apontar o "*Brexit*" em 2016, que deliberou a saída Inglesa da União Europeia; as Eleições Americanas que, com ingerências externas, culminaram na eleição de Donald Trump como Presidente dos Estados Unidos da América também no ano de 2016; e, por fim, as Eleições Presidenciais Brasileiras, de 2018 que permitiram a ascensão ao poder de Jair Bolsonaro. Como denominador comum destes dois processos eleitorais, observamos uma intensa campanha de desinformação e proliferação de notícias falsas,

[31] *Cfr.* Nelson Ribeiro, *Desinformação Online. O Impacto da Propaganda Participativa,* 2021, Lisboa, Universidade Católica Editora, p. 22.

[32] Na feliz expressão de Cass Sunstein, os «*polarization entrepreneurs*» ou «*professional polarizers*». *Cfr.* Cass Sunstein, *The Law of Group Polarization,* **in** The Journal of Political Philosophy, Vol. 10, N.º 2, 2002, p. 184

[33] *Cfr.* Paulo Brasil Menezes, *Fake News. Modernidade, Metodologia e Regulação,* Prefácio: Francisco Balaguer Callejón, 2020, Salvador - Bahia, Editora Jus Podium, p. 58

segmentadas por grupo de destinatários mediante análise preditiva de dados, assente num discurso populista e radical dividindo a sociedade entre bons e maus, gente de bem e gente de mal, tribalizando o debate e ação política que, aliada a períodos de descontentamento, dificultam a diferenciação entre conteúdos informativos verdadeiros e falsos[34].

Em suma, este tipo de práticas condiciona o processo democrático, podendo subverter processos eleitorais[35], abalando a democracia liberal que conhecemos e temos o dever de defender, uma vez que a linha entre a influência e a manipulação de um determinado processo eleitoral é muito ténue[36]. Esta fase decorre até à emergência do vírus SARS-COV2 que origina a doença da COVID-19.

e) *A Fase Atual*

I. A pandemia que nos encontramos a viver a um nível global, permitiu uma mutação absoluta das nossas vidas, e as plataformas digitais não foram imunes a essa mutação. Na verdade, por um lado todos os defeitos da última fase que analisámos se amplificaram durante a pandemia, mas as suas virtudes também foram mais úteis do que nunca aos seus utilizadores. A sobrevivência a esta pandemia seria

[34] Cfr. Anya Schiffrin, *Disinformation...*, cit., p. 123.

[35] *Cfr.* Russel Weaver, *Social Media...*, cit., p. 1400.

[36] *Cfr.* Shaun Spencer, *The Problem of Online Manipulation,* **in** University of Illinois Law Review, Vol. 2020, N.º 3, 2020, p. 984.

muito diferente e, seguramente, mais penosa sem as plataformas digitais.

Ora, como bem se compreenderá a fase que nos encontramos a viver, teve como vantagem o recurso a estas plataformas para aproximar os que se tiveram de separar, para permitir que artistas difundissem o seu trabalho para um vasto auditório à distância de um clique e de uma ligação à internet, permitiu o teletrabalho, permitiu que a vida melhor ou pior, não parasse para a maioria das pessoas.

II. Contudo, se as virtudes óbvias nos fizeram viver o encantamento com as potencialidades dos meios digitais que tivemos no período da sua globalização, não deixámos de rapidamente perceber que essas virtudes acabam sempre por ser limitadas pelos efeitos nocivos naquilo que à disseminação de informação falsa, teorias da conspiração e comportamentos que, de forma mais ou menos evidente, podem custar vidas humanas, sobretudo num momento de incerteza científica[37]. Assim, a pandemia acabou por amplificar tanto o acesso à informação global, como também a disseminação de informação falsa a partir das plataformas digitais[38]. Entrámos assim numa fase que, brilhantemente se sintetiza na expressão *infodemia*[39].

[37] *Cfr.* Nelson Ribeiro, *Desinformação...*, cit., pp. 26 e ss.

[38] *Cfr.* Giovanni de Gregorio/Oreste Pollicino, *The European Constitutional Road to Address Platform Power,* **in** VerfBlog, 31-08-2021, p. 2.

[39] Entre nós definida como o "*excesso de informação sobre determinado tema, por vezes incorrecta e produzida por fontes não verificadas ou pouco*

Na verdade, já sabemos da fase de desenvolvimento anterior a esta que as tecnológicas vivem da instabilidade política, mas a verdade é que os mesmos que se fizeram valer de um modelo de negócio ou de informação profundamente anacrónico, não perderam um segundo em retirar proveitos dessa fragmentação, assente na debilidade do Estado e na dificuldade de controlo das plataformas enquanto agentes globais[40].

Esta fase atual em que os riscos já se encontram identificados, fez disparar a urgente necessidade de moderação de conteúdo, uma vez que a liberdade de expressão não pode ser sinónimo de desregulação, antes pelo contrário[41]. É que, se pode existir uma analogia entre os media tradicionais e os media que pululam no ecossistema das plataformas digitais,

fiáveis, que se propaga velozmente (ex.: infodemia de notícias falsas nas redes sociais)". *Cfr.* https://dicionario.priberam.org/infodemia. Esta noção colhe a sua inspiração, a definição cunhada pela Organização Mundial de Saúde, que estabelece que: "*an infodemic is too much information including false or misleading information in digital and physical environments during a disease outbreak. It causes confusion and risk-taking behaviours that can harm health. It also leads to mistrust in health authorities and undermines the public health response. An infodemic can intensify or lengthen outbreaks when people are unsure about what they need to do to protect their health and the health of people around them. With growing digitization – an expansion of social media and internet use – information can spread more rapidly. This can help to more quickly fill information voids but can also amplify harmful messages*". *Cfr.* https://www.who.int/health-topics/infodemic#tab=tab_1.

[40] *Cfr.* Balaguer Callejón, *Crisis Sanitaria y Derecho Constitucional en el Contexto Global,* **in** Teoría y Realidad Constitucional, N.º 46, 2020, p. 129.

[41] *Cfr.* Jack Balkin, *Cultural...*, cit., p. 1063.

é que a liberdade de expressão não é exercida de forma descontrolada[42] ainda que, num caso ou noutro a disseminação de informação falsa sempre tenha existido[43], mesmo que os efeitos hoje em dia sejam revestidos de uma maior perversidade.

Em suma, a fase em que vivemos, é a fase em que o constitucionalismo pode fazer a diferença, mas necessitamos de perceber como este é um problema do constitucionalismo e como o constitucionalismo se afigura a solução. Assim, não podemos deixar de sintetizar os problemas que estas nos criam. É o que faremos no próximo Capítulo.

[42] *Cfr.* JACK BALKIN, *How to Regulate (and Not Regulate) Social Media*, **in** Knight Institute Occasional Paper Series, N.º 1, 2020, Yale Law School, pp. 4-5.

[43] *Cfr.* TOMMASO FROSINI, *Internet...*, cit., p. 76.

III. O Descontrolo das Plataformas Digitais e o Surgimento da Esfera Pública Digital

1) Os Problemas do Poder Excessivo das Plataformas Digitais

I. Como já fomos antevendo ao longo do capítulo anterior, parece-nos evidente que muitos dos problemas que podem surgir, decorrem de uma atuação desregulada por parte das plataformas digitais. Por isso, verifica-se algum consenso quando o assunto é assentar alguns dos problemas que potencialmente estas podem criar aos utilizadores e ao princípio democrático, propriamente dito.

É sabido, desde logo, que a informação que o utilizador tem acesso, através do seu *feed* é filtrada e personalizada pelo algoritmo preditivo[44] que, previamente segmentou, analisou e categorizou o perfil do utilizador, criando uma assimetria de poder entre o utilizador e a plataforma que retira ao utilizador, por um lado, a liberdade de escolher o que pretende consultar e, por outro, lhe dificulta o acesso ao contraditório[45].

II. Acresce que o poder de controlar os conteúdos que chegam ao utilizador final, permite-lhes assumir uma influência determinante na formação da opinião pública, não sendo de descartar a possibilidade de desencadear tumultos sociais[46], mercê da radicalização da opinião polarizada pela criação de determinados guetos que retiram da equação a variável da divergência de opinião, ou correntes de opinião antinómicas[47], permitindo o surgimento de caixas de ressonância de grupo, em que apenas se trocam opiniões similares, assim permitindo uma maior radicalização dos seus membros[48].

No limite, as plataformas digitais gozam do poder de manipulação que lhes faculta uma influência determinante, bastando para tal que apresentem determinados conteúdos baseados nas preferências de cada um, antecipando-lhe que determinada opção é mais apta a ir de encontro aos seus ideais, condu-

[44] *Cfr.* Giovanni de Gregorio, *From Constitutional...*, cit., p. 73.

[45] *Cfr.* Jack Balkin, *Fixing...*, cit., p. 5.

[46] *Cfr.* Russel Weaver, *Social Media...*, cit., p. 1407.

[47] *Cfr.* Cass Sunstein, *Is Social...*, cit., p. 87.

[48] *Cfr.* Elizabeth Dubois/Grant Blank, *The Echo...*, cit., p. 731.

zindo a que os cidadãos não se exponham a ideias diversas daquelas que defendem[49], não se expondo à diversidade de fontes informativas que, em teoria a internet permitiria[50].

III. A arquitetura das plataformas beneficia este tipo de fragmentação, desde logo porque permite o aumento do tempo de utilização e o grau de dependência dos utilizadores. Como facilmente se depreende, as plataformas digitais são uma poderosa arma para a disseminação massiva de informação pelos polos opostos de um determinado posicionamento seja ele político ou social, garantindo sucesso nas campanhas de desinformação com vista a um determinado resultado na formação da vontade alheia[51].

Quanto maior for o tumulto social, maior a polarização e maior a instabilidade política, tanto maior será a atenção do público para as plataformas, quer para recolha de informação mais recente, como para o *trollismo*, produzindo um círculo vicioso de radicalização, fragmentação e instabilidade do espaço público que as beneficia em detrimento dos poderes públicos, promovendo os seus ganhos em detrimento do processo democrático[52].

Por último, o poder das plataformas digitais em limitar a liberdade de expressão na esfera pública

[49] *Cfr.* Cass Sunstein, *The Law...*, cit., p. 185.

[50] *Cfr.* Elizabeth Dubois/Grant Blank, *The Echo...*, cit., p. 729.

[51] *Cfr.* Balaguer Callejón, *Las Dos...*, cit., p. 49.

[52] *Cfr.* Balaguer Callejón, *Redes Sociais...*, cit., p. 594.

digital como veremos em seguida, acaba por demonstrar algumas similitudes com o ancião poder absolutista, agravado pelo exercício deste poder pertencer a entidades privadas, ao invés de entidades públicas ou de interesse público[53].

2) Da Esfera Pública à Esfera Pública Digital

I. A definição do que entendemos por esfera pública digital, tem de partir de um conjunto amplo de pressupostos que assente desde logo na fragmentação atual do espaço público digital promovido pelo recentrar do debate público com recurso a plataformas digitais, permitindo que a formação da opinião pública seja feita, fundamentalmente, mediante os conteúdos que se encontram em rede, sejam eles verdadeiros ou falsos.

Ora, tendo isto em mente, rapidamente se percebe que podem proliferar as estratégias de desinformação e manipulação algorítmica dos utilizadores permitindo, por isso, a proliferação de extremismos polarizadores assentes em discursos apelativos e radicais que dificultam a possibilidade de construção de consensos essenciais ao regular funcionamento das instituições democráticas e representativas dos cidadãos.

II. Deste modo, para uma construção que assente na existência de uma esfera pública digital, ou pelo

[53] *Cfr.* Russel Weaver, *Social Media...*, cit., p. 1406.

menos na transferência da esfera pública, para a «*constelação digital*»[54], é necessária a definição do que se entende por esfera pública. Assim, não podemos ensaiar uma noção unívoca do que se deve entender por esfera pública, mas podemos desde logo referir que esta se afirma como um local onde se expressam opiniões e ideias sobre o que se passa no quotidiano da sociedade[55]. A esfera pública institucionaliza a relação entre os indivíduos democratizando a opinião, assumindo a garantia de deveres e liberdades para os participantes, assentes na liberdade de comunicação dos seus intervenientes[56].

Na verdade, a esfera pública acaba por poder ser considerada como um fórum público, em que os intervenientes não podem ser limitados no seu acesso ou expressão de ideias, seja a limitação ideológica ou quanto ao conteúdo das suas opiniões[57]. Em face da livre circulação de ideias existente na esfera pública, facilmente se compreenderá que esta serve para

[54] Expressão cunhada por INGOLF PERNICE. *Cfr. Risk Management in the Digital Constellation – A Constitutional Perspective (Part I)*, **in** Revista de Internet, Derecho Y Política, N.º 26, 2018, p. 90.

[55] *Cfr.* JACK BALKIN, *How to...*, cit., p. 2.

[56] *Cfr.* JAMES BOHMAN, *The Transformation of The Public Sphere: Political Authority, Comunicative Freedom, and Internet Publics*, **in** Information Technology and Moral Philosophy, Editores: JEROEN VAN DEN HOVEN e JOHN WECKERT, 2008, New York, Cambridge University Press, p. 71.

[57] *Cfr.* VÁZQUEZ ALONSO, *Twitter No Es Un Foro Público Pero El Perfil de Trump Sí Lo Es. Sobre La Censura Privada de y En Las Plataformas Digitales En Los EE UU*, **in** Estudios de Deusto, Vol. 68, N.º 1, 2020, p. 485.

legitimar e fortalecer as democracias modernas[58]. Isto não significa que o discurso público possa fluir sem qualquer tipo de regras, nem tão-pouco que a imposição de algum tipo de limites, seja uma restrição abusiva da liberdade de expressão. É que, por um lado, o discurso da esfera pública deve basear-se em respeito e civilidade por todos os participantes[59] e, por outro, por se tratar de uma espécie de fórum público, deve respeitar as liberdades básicas e a igualdade entre todos os participantes dado que se dirige a uma quantidade indefinida de recetores[60].

Assim, e precisamente por não poder haver uma definição pública do que pode ou não pode ser debatido na esfera pública[61] que a cultura massificada da sociedade atual, trata temas e assuntos que não deviam pertencer ao domínio da esfera pública, por pertencerem a realidades que lhe são estranhas[62], *v.g.* os processos judiciais em curso e o seu tratamento público. O discurso público deve, por isso mesmo, servir a dois amos distintos: à democracia política e à cultura democrática constitucional, uma vez que o discurso público servirá também para assegurar a

58 *Cfr.* JACK BALKIN, *Cultural...*, cit., p. 1076.

59 *Cfr.* ROBERT POST, *The Constitutional Concept of Public Discourse: Outrageous Opinion, Democratic Deliberation, and Hustler Magazine v. Falwell*, **in** Harvard Law Review, Vol. 103, N.º 3, 1990, p. 629.

60 *Cfr.* JAMES BOHMAN, *The Transformation...*, cit., p. 73.

61 *Cfr.* ROBERT POST, *The Constitutional...*, cit., p. 632.

62 *Cfr.* ROGÉRIO SOARES, *Direito Público e Sociedade Técnica*, 1969, Coimbra, Atlântida Editora, pp. 75-76.

promoção da cultura democrática[63], não se bastando com a promoção da formação livre da opinião pública coletiva[64] própria de uma sociedade saudável e heterogénea[65] que mercê do seu poder molda a esfera pública e o pulsar público[66], porque quem acede à informação, mais facilmente torna públicas – porque informado – as suas posições para terceiros[67].

III. A digitalização do mundo global, veio proceder a um câmbio da esfera pública que, passou para o mundo digital proporcionado pelas plataformas, assumindo estas um papel determinante da *nouvelle* esfera pública digital. Como já vimos, na conceção ampla que preconizamos, as redes sociais e formas de comunicação vulgarmente apelidadas de media sociais são, também elas, plataformas digitais e por isso, é ainda destas que falamos quando nos referimos a meios de comunicação alicerçados na «*constelação digital*».

Simplisticamente, a esfera pública digital assume as mesmas características da esfera pública tradicional, ainda que dominada por meios e tecnologias digitais, em que estas se tornam as instituições chave que alimentam a existência desta nova esfera pública[68]. A esfera pública digital permite a disseminação de

[63] *Cfr.* Jack Balkin, *Cultural*..., cit., p. 1068.
[64] *Cfr.* Rogério Soares, *Direito*..., cit., p. 72.
[65] *Cfr.* Robert Post, *The Constitutional*..., cit., p. 639.
[66] *Cfr.* Jack Balkin, *Cultural*..., cit., p. 1061.
[67] *Cfr.* Rogério Soares, *Direito*..., cit., p. 74.
[68] *Cfr.* Jack Balkin, *How to*..., cit., p. 2.

todo o tipo de conteúdos informativos ou desinformativos, encontrando-se fora do controlo de entidades públicas, mas sim sob o jugo de entidades privadas[69]. Ao considerarmos que se verifica uma mudança da esfera pública com a entrada em cena das plataformas digitais, não podemos deixar de considerar que se verifica uma ingerência destas no espaço público e, consequentemente, no princípio democrático[70].

Na era digital o discurso da esfera pública ultrapassa as fronteiras do Estado, permitindo a expansão da esfera pública à escala global assumindo-se a necessidade de uma espécie de regulação global. Na verdade, podemos nunca chegar a um ponto de desenvolvimento que permita a fruição de uma esfera pública global, mas a proliferação global do discurso, *i.e.* o discurso público global, assume uma posição de extremo relevo e maior importância do que qualquer configuração política momentânea[71], potencialmente aberta a todos os cidadãos e sem relevantes barreiras de acesso ao conteúdo partilhado[72]. Para a existência da esfera pública digital – seja ela global ou não –, como bem se compreenderá, é necessária uma infraestrutura tecnológica de suporte, que permita a passagem do diálogo presencial, para o diálogo

[69] *Cfr.* Jonathan Peters/Brett Johnson, *Conceptualizing Private Governance in a Networked Society*, **in** North Carolina Journal of Law & Technology, Vol. 18, N.º 1, 2016, p. 22.

[70] *Cfr.* Balaguer Callejón, *Las Dos...*, cit., p. 48.

[71] *Cfr.* Jack Balkin, *Cultural...*, cit., p. 1090.

[72] *Cfr.* Ingolf Pernice, *Global...*, cit., p. 35.

digital[73]. Por isso entendemos ser de considerar que a tecnologia em que assentam as plataformas digitais possa vir a ser considerada como um bem público global, mercê dos seus efeitos quanto à disseminação de informação, como pela facilidade de acesso a partir de qualquer parte do globo[74] mas também, pelo serviço público que acabam por prestar. A esfera pública digital com a pretensa democratização do discurso público, permite a alavancagem da audiência, generalizando os conteúdos partilhados que, regra geral, partem de bases informais[75] e, talvez por isso,

[73] *Cfr.* James Bohman, *The Transformation...*, cit., p. 73.

[74] Não resistimos, por isso, a transcrever um trecho em que Jack Balkin defende a ideia da consideração da infraestrutura tecnológica como um bem público global, alicerçado na sua consideração de possibilidade de criação de uma esfera pública global a partir dos efeitos da disseminação do discurso público na esfera pública digital. Assim, diz o Autor que: "*The structure of digital communications is a global public good. It includes universal standards for the transmission of information: a global domain name system that makes it possible for people to locate and communicate with different sites (like Google.com); servers located throughout the world that copy and retransmit content to promote the smooth flow of information and avoid bottlenecks; and an international network of telecommunications conduits through which information flows. The Internet also facilitates the creation of new software platforms (like Facebook or YouTube) operating systems (like iOS or Android) and applications that allow businesses, civil society organizations, and end users to innovate freely as long as they can build on top of the Internet's existing hardware and protocol layers. Finally, the Internet allows for (but does not require) systems of secure communications (for example, through encryption) that protect privacy and security within nations and across borders*". *Cfr.* Jack Balkin, *Cultural...*, cit., p. 1092.

[75] *Cfr.* Jonathan Peters/Brett Johnson, *Conceptualizing...*, cit., pp. 27-28.

esta facilite a comunicação de entidades públicas em casos de emergência[76]. Ao serem utilizadas por serviços públicos para a disseminação de informação de interesse público[77], estas passam a assumir, para alguns, a feição de espaço público[78].

IV. O discurso é assunto público, presumivelmente, quando há uma intenção de gerar impacto numa ampla e determinada audiência havendo, contudo, três fatores que apontam para a emissão de um discurso público e se relacionam com **(i)** a intenção de quem emite determinada opinião ou posição; o **(ii)** tamanho da audiência; e, por último, a **(iii)** identidade da audiência. Isto é, o emitente do discurso deve pretender disseminar o seu discurso das mais variadas formas, mormente pelas plataformas, para gerar um debate generalizado por quem queira receber aquelas ideias[79].

[76] *Cfr.* Louis Tompros, *The Constitutionality of Criminalizing False Speech Made on Social Networking Sites in a Post-Alvarez, Social Media-Obsessed World*, **in** Harvard Journal of Law & Technology, Vol. 31, N.º 1, 2017, pp. 72-73.

[77] *Cfr.* Louis Tompros, *The Constitutionality...*, cit., p. 71.

[78] *Cfr.* Vázquez Alonso, *Twitter...*, cit., pp. 493-494. Por outra banda, temos Nicolas Suzor, que considera que o espaço online deve ser tido como um espaço quase-público, onde a distinção entre público e privado é insuficiente para a compreensão da relação e experiência dos utilizadores. *Cfr.* Nicolas Suzor, *Digital Constitutionalism: Using the Rule of Law to Evaluate the Legitimacy of Governance by Platforms*, **in** Social Media + Society, Vol. 4, N.º 3, 2018, p. 4.

[79] *Cfr.* Robert Post, *The Constitutional...*, cit., p. 676.

Como bem se compreenderá, a disseminação global de ideias potenciada pela facilidade com que estas fluem na «*constelação digital*» auxiliam a disseminação de um determinado discurso, podendo influenciar, ou potencialmente determinar, o resultado de processos democráticos[80]. Desde logo por permitirem, a criação de microesferas públicas temáticas para problemas globais específicos que sejam de interesse para mais do que uma comunidade, ou cujos efeitos possam ser sentidos globalmente por todos os cidadãos, despertando a vontade de comentar ou participar na discussão deste tipo de temáticas, *v.g.* o tema das alterações climáticas, ou os efeitos da pandemia da COVID-19[81]. Mas também por determinadas campanhas profissionalmente protagonizadas, com vista à ingerência externa em determinado processo eleitoral, como veremos adiante.

O facto de as plataformas digitais terem permitido, com a criação da esfera pública digital, a digitalização dos novos fóruns públicos[82], não pode olvidar a existência de uma relação assimétrica entre as plataformas e os utilizadores que assenta na recoleção de dados de utilização destes[83], não se afigurando, ainda assim, limitativa da existência de uma esfera pública

[80] *Cfr.* Jack Balkin, *Cultural*..., cit., p. 1091.

[81] *Cfr.* Ingolf Pernice, *Global*..., cit., p. 36.

[82] *Cfr.* Vázquez Alonso, *Twitter*..., cit., p. 498.

[83] *Cfr.* Jack Balkin, *Fixing*..., cit., p. 1.

digital[84], mas acabando por permitir a consideração destas como um serviço público e, naturalmente, com obrigações para o com o público[85]. No próximo capítulo abordaremos a ideia de como estas se encontram na esfera do Direito Público.

3) As Plataformas Digitais e o Direito Público

I. A *«constelação digital»* não pode ser encarada como uma terra sem Direito, em que as plataformas alicerçadas nas tradicionais liberdades constitucionais[86] construíram um império comunicacional e se

[84] Em sentido contrário JAMES BOHMAN, ao referir que: "(...) *the mass public sphere is not replaced by any public sphere at all; rather, communicative mediation is replaced by forms of control that make dialogue and the expansion of the deliberative features of communication impossible*", prosseguindo o Autor dizendo que: "(...) *it is simply false to say that individuals possess immediate control; they have control only through assenting to an asymmetrical relationship to various agents who structure the choices in the communicative environment of cyberspace*". *Cfr.* JAMES BOHMAN, *The Transformation...*, cit., p. 80.

[85] *Cfr.* JACK BALKIN, *Free...*, cit., p. 2041.

[86] Como bem nota TOMMASO FROSINI, ainda existe a tentação de aplicar as tradicionais liberdades constitucionais às tecnologias de informação, permitindo que as plataformas construam a sua existência a partir destas. Sucede que estas liberdades, estão particularmente associadas à existência de um Estado, o que lhes permite a subtração a deveres, mercê da sua transnacionalidade. O Autor fala, ainda, no movimento que defende a liberdade informática, e fá-lo da seguinte forma: "*vi è stata, altresì, l'epifania di una nuova forma di libertà, che è stata concettualizzata in dottrina e che si è venuta a determinare con l'avvento della società tecnologica. Si tratta della dottrina della cd. "libertà informatica", che*

subtraíram ao Direito constituído. Contudo, tanto nas relações que sejam tidas como públicas, como naquelas que sejam tidas como privadas não pode haver uma subtração desse tipo, muito menos nos casos em que é ao Direito Público em geral, e ao Direito Constitucional em particular, que se deve obediência[87]. Bastaria, por isso, dizer que estas mexem com liberdades constitucionais, bulem com o princípio democrático e governam de forma intensiva o discurso dos utilizadores para que estivéssemos diante de um problema complexo cuja resolução, apenas se pudesse encontrar no seio do Direito Público. É de meridiana evidência que, com a mudança do paradigma de desenvolvimento dos processos comunicacionais da nova esfera pública digital, se precipita o entendimento que devemos ter das plataformas digitais, mas também a forma como o direito em si mesmo, e o direito constitucional em particular, percecionam os seus problemas, mas também como permitem encontrar as soluções para a limitação do poder destas[88].

II. Tendo presentes estas premissas, devemos percecionar que a opacidade característica destas plataformas digitais, da sua governação, dos seus

soprattutto con Internet è diventata una pretesa di libertà in senso attivo, non libertà da ma libertà di, che è quella di valersi degli strumenti informatici per fornire e ottenere informazioni di ogni genere". Cfr. Tommaso Frosini, *Il Costituzionalismo...*, cit., p. 3.

[87] *Cfr.* Kant, *A Paz Perpétua*, **in** A Paz Perpétua e Outros Opúsculos, Tradução de ARTUR MORÃO, 2018, Lisboa, Edições 70, p. 171.

[88] *Cfr.* Balaguer Callejón, *Las Dos...*, cit., p. 52.

princípios orientadores, do tratamento e recoleção de dados, levanta a questão da sua compatibilidade com o princípio democrático, mas também, a questão de saber em que medida é que estas devem ser alvo de algum tipo de controlo público[89]. Como sabemos, as plataformas digitais que radicam a sua existência na internet, no ciberespaço, constituindo uma fonte de atritos, porque a sua construção é efetuada à margem dos princípios e regras constitucionais[90]. Assim, *et pour cause*, a forma como sejam tratadas pelo Direito não pode recorrer aos remédios tradicionais para problemáticas que envolvam o discurso ou o respeito pelo princípio democrático, nem tão-pouco, se nos afigura de grande utilidade o recurso à forma tradicional de regulação da imprensa em todas as suas aceções porque, não obstante algumas semelhanças, há um mundo que separa estas duas realidades.

Quando falamos do controlo público, queremos assentar o nosso pensamento na ideia de, por um lado estarmos potencialmente diante de um bem público global quando falamos do código base que fundamenta o ciberespaço e que, como tal, deve ser regulado de forma global e integrada emanada do Direito Público[91]; e, por outro, porque a ausência de um con-

[89] *Cfr.* Gunther Teubner, *The Project of Constitutional Sociology: Irritating Nation State Constitutionalism,* **in** Transnational Legal Theory, Vol. 4, N.º 1, 2013, pp. 44-45

[90] *Cfr.* Lawrence Lessig, *Reading the Constitution in Cyberspace,* **in** Emory Law Journal, Vol. 45, N.º 3, 1996, p. 895.

[91] *Cfr.* Lorenzo Casini, *Lo Stato...*, cit., p. 16.

trolo público, permite uma maior liberdade das plataformas que limita o poder público e conduz a um retrocesso democrático[92], aproveitando a fragmentação da sociedade e do espaço público[93], permitindo a existência de casulos de informação que limitam a divergência entre os seus membros, aumentando a polarização e limitando a sagaz divergência que permite o aprofundamento dos processos democráticos[94]. Simplisticamente, a regulação das plataformas digitais, é matéria de Direito Público, porque possui significação política e importam à coletividade no seu todo e não apenas a um determinado e restrito grupo de pessoas[95].

III. Como já tivemos oportunidade de notar na nova esfera pública digital, produz-se discurso público, e a sua liberdade tem muita influência na construção da liberdade democrática e de uma sociedade heterogénea[96]. Uma sociedade heterogénea, não se compagina com uma sociedade assente em personalização de conteúdos apresentados mediante preferências de utilizador preparadas por meios autónomos e digitais, assentes em algoritmos «*aprendedores*»[97],

[92] *Cfr.* Balaguer Callejón, *Redes Sociais...*, cit., p. 590.

[93] *Cfr.* Balaguer Callejón, *Redes Sociais...*, cit., p. 594.

[94] *Cfr.* Cass Sunstein, *Democracy...*, cit., p. 102.

[95] *Cfr.* Rogério Soares, *Direito...*, cit., pp. 47-48.

[96] *Cfr.* Robert Post, *The Constitutional...*, cit., p. 671.

[97] Como ensina Matilde Lavouras, "*estes (novos) algoritmos são dinâmicos e vão utilizando os novos dados que vão sendo introduzidos ou analisados para melhorar a sua performance, num processo contínuo de aprendizagem e melhoria. No fundo, são algoritmos que aprendem – daí a expressão, em português*

que decidem o que queremos e gostamos e nos apresentam apenas esse tipo de conteúdos, permitindo a formação de casulos de informação, conducentes a uma maior polarização que, como resultado último permite a verificação de um retrocesso democrático[98].

Sucede que, os problemas não se prendem apenas com estas possibilidades, acrescentando um outro risco muito significativo relacionado com a possibilidade de um ciberataque permitir uma intensa campanha de desestabilização e desinformação, manipulando resultados e formação de preferências, mas também assentando em prévia delimitação e individualização de perfis que sejam mais vulneráveis a um determinado tipo de conteúdo, ou determinado tipo de discurso, ou veiculação de notícias falsas não sendo determinável, com facilidade ou prontidão, a origem deste tipo de campanhas e permitindo que só sejam notórias com a produção de efeitos no seio da coletividade[99]. É que a desinformação visa, precisamente, mudar o curso natural dos acontecimentos, a

do Brasil, de algoritmos 'aprendedores' – não se limitando a praticar tarefas de análise e sistematização de dados, mas alargando a sua atividade à criação de modelos de aprendizagem, sendo por isso criadores de nova informação, num certo sentido". Cfr. Matilde Lavouras, *O Algoritmo Mestre: Um Bem Público Global,* **in** Boletim de Ciências Económicas, Vol. LXII, 2019, Coimbra, Faculdade de Direito da Universidade de Coimbra | Instituto Jurídico, p. 51.

98 *Cfr.* Balaguer Callejón, *Redes Sociais...*, cit., p. 595.

99 *Cfr.* Ingolf Pernice, *Risk Management (I)...*, cit., p. 91.

normalidade das circunstâncias[100], manipulando eleitores e ditando tendências nos processos eleitorais[101].

IV. Outro aspeto que conduz a uma relação entre as plataformas digitais e o Direito prende-se com a liberdade de expressão. Não se diga, desde logo, que o discurso online é livre de qualquer amarra e que, como tal, toda e qualquer imposição de limite público a esse discurso se produz mediante uma conceção eugénica do discurso e da sociedade no seu todo. Pelo contrário, atualmente o maior inimigo do discurso livre não são as autoridades e entidades públicas, que têm a possibilidade e responsabilidade de garantir a concorrência entre diversas entidades empresariais e diversas plataformas que garantam a preservação do pluralismo na «*constelação digital*»[102], mas sim as empresas assumidas em oligopólio que mediante critérios pouco transparentes tomam decisões que influem com a liberdade de expressão e com as liberdades constitucionais ao abrigo das quais proliferaram.

É verdade que o discurso público e a sua disseminação, não devem ser independentes dos valores constitucionais e, como tal sociais, de uma determinada comunidade[103], mas não é menos verdade que

[100] *Cfr.* Lorenzo Casini, *Lo Stato...*, cit., pp. 21-22.

[101] *Cfr.* Balaguer Callejón, *Redes Sociais...*, cit., pp. 587-588.

[102] *Cfr.* Andrés Boix Palop, *Libertad de Expresión y Pluralismo en la Red*, **in** Revista Española de Derecho Constitucional, Ano 22, N.º 65 mayo-agosto, 2002, p. 173.

[103] *Cfr.* Robert Post, *The Constitutional...*, cit., p. 683.

a determinação de um determinado discurso como reprovável do ponto de vista da liberdade de expressão e, como tal inadmissível, parte dos mesmos pressupostos que seria inadmissível fora das plataformas digitais, *i.e.* um discurso que seria inadmissível na esfera pública tradicional, será igualmente inadmissível na esfera pública digital e vice-versa, não havendo qualquer base jurídica que admita uma diferenciação[104]. Acresce que o pluralismo "*representa uma certa segurança na vida interna da sociedade*"[105], permitindo uma defesa desta contra pretensões totalitárias vindas do seio da sociedade. Por isso, garantir o pluralismo social é, acima de tudo "*defender uma forma de institucionalização dos interesses organizados que, sem lhes roubar a autenticidade, os vá integrar no fenómeno estadual. E aí a mais importante tarefa será a de impor a essas figuras uma transparência de organização e funcionamento dirigida a permitir que a opinião pública, de que em grande parte são veículo, possa exercer sobre eles a sua influência*"[106].

Ainda que, materialmente, compreendamos a similitude da posição dos media sociais com a imprensa tradicional e jornalismo, sobretudo no século passado, altura em que estes se viram confrontados com o aumento da propaganda, com a necessidade de terem cuidados com o conteúdo

[104] *Cfr.* Andrés Boix Palop, *La Construcción de los Límites a la Libertad de Expresión en las Redes Sociales,* **in** Revista de Estudios Políticos, N.º 173, julio-septiembre, 2016, p. 64.

[105] *Cfr.* Rogério Soares, *Direito...*, cit., p. 158.

[106] *Cfr.* Rogério Soares, *Direito...*, cit., pp. 160-161.

apresentado e, particularmente, com a veracidade do conteúdo publicado, rapidamente os jornalistas, editores e empresas detentoras de títulos noticiosos perceberam que detinham obrigações para com a sociedade, quer quanto ao que publicavam, quer da forma que o faziam, passando a pautar a sua atuação de acordo com as normas deontológicas dos jornalistas, mas também com a regulação da comunicação social assente na ideia que não importa apenas vender espaços publicitários ou informação, importa também que esta cumpra com o direito do cidadão a ser informado[107] e que, por isso, se trata de uma atividade de interesse público[108]. Sucede que, se é possível essa similitude, a maior força da disseminação de conteúdos nas plataformas digitais reside no facto de qualquer utilizador com ligeiras barreiras, e a um custo acessível poder expor as suas ideias e o seu pensamento[109] sem intermediários que as filtrem. Esta atividade, relativamente transcendente pode, como já notámos, ser considerada como um catalisador da democracia da liberdade de expressão, com a manifesta certeza de que, uma sociedade só é inteiramente

[107] Na nossa Constituição este é um direito que surge plasmado no artigo 37.º, n.º 1 CRP que nos diz que: "*todos têm o direito de exprimir e divulgar livremente o seu pensamento pela palavra, pela imagem ou por qualquer outro meio, bem como o direito de informar, de se informar e de ser informados, sem impedimentos nem discriminações*", acrescentando o n.º 2 do mesmo artigo que "*o exercício destes direitos não pode ser impedido ou limitado por qualquer tipo ou forma de censura*".

[108] *Cfr.* Jack Balkin, *Free...*, cit., p. 2043.

[109] *Cfr.* Andrés Boix Palop, *Libertad...*, cit., p. 151.

livre quando não existem filtros ideológicos sobre a liberdade de expressão e sobre a quem está garantido o direito a dizer o quê[110], mas a verdade é que a disseminação do pensamento online levanta desde logo problemas relativos aos efeitos sociais de um determinado posicionamento[111]. Pense-se por exemplo, no momento que atualmente vivemos, a disseminação de teorias da conspiração associadas ao processo vacinal contra o vírus SARS-COV2 que origina a doença da COVID-19, e como esse tipo de conteúdo, pode custar vidas humanas de uma forma absolutamente desnecessária, num cenário cientificamente sedimentado. Pergunta-se: a ausência de uma restrição à disseminação de conteúdos desta índole, é compatível com a proteção de outro tipo de interesses jurídicos externos à liberdade de expressão? A liberdade de expressão deve assumir uma amplitude tal, que coexista com o aumento do risco de toda uma sociedade?

A diferença entre os media sociais das plataformas digitais e o jornalismo reside precisamente neste ponto, nos seus efeitos sem qualquer tipo de confirmação ou contraditório. Na mesma perspetiva em que a liberdade de expressão garantida assume um benefício potencial tremendo para toda uma sociedade livre e plural, também os seus efeitos podem ser muito mais nocivos do que seriam de outra forma, ainda que os meios de combate assumam um princípio de

[110] *Cfr.* Andrés Boix Palop, *Libertad...*, cit., p. 153.
[111] *Cfr.* Andrés Boix Palop, *La Construcción...*, cit., p. 59.

"*favor libertatis*" esta tem de construir mecanismos que sendo aptos a regular a liberdade de expressão nas plataformas digitais, não assumam uma feição diversa dos mecanismos existentes para os media tradicionais, não podendo ser o árbitro que decide o que deve, ou não, compor a esfera pública digital e qual deve ser o debate a efetuar[112]. Aqui, os poderes públicos devem assumir uma feição de força compensatória do poder das plataformas[113] que garanta um maior pluralismo no seio das plataformas e do conteúdo disseminado online[114].

V. Não podemos deixar de questionar, se as plataformas e a internet em geral fomentam ou, contrariamente, atacam silenciosamente a democracia. Sendo uma questão relevante, não se pode dizer que se encontre uma resposta unívoca, havendo quem considere que estas silenciosamente atacam a democracia[115], mas também quem, em sentido contrário, considere que estas são um mecanismo de promoção da democracia e o do ativismo cívico[116]. Mas, urge questionar, com tão grande empreendimento, assumindo que assentam num bem público global – temática que só por si mereceria um estudo independente deste que realizamos – não devem ser consideradas serviços públicos? Não devem ter obrigações públi-

[112] *Cfr.* Andrés Boix Palop, *La Construcción...*, cit., p. 105.

[113] *Cfr.* Jack Balkin, *Free...*, cit., p. 2044.

[114] *Cfr.* Andrés Boix Palop, *Libertad...*, cit., pp. 172-173.

[115] *Cfr.* Balaguer Callejón, *Redes Sociais...*, cit., p. 595.

[116] *Cfr.* Tommaso Frosini, *Internet...*, cit., p. 63.

cas para com os utilizadores? Não devem ver a sua democraticidade potenciada? Não devem ser entidades menos opacas para os seus utilizadores? É que se assumimos que com estas pode verificar-se influência política no processo democrático pela informação mediada que chega ao utilizador com base nas suas preferências[117], não podemos deixar de considerar que a estas se devem apor normas que as limitem e profissionalizem a sua governação, em respeito pela sua função pública no seio da comunidade[118].

Na verdade, as obrigações que devem ser assacadas aos media tradicionais do século passado corporizados na livre imprensa escrita, descontando as vicissitudes próprias de cada um, não se afiguram muito diferentes daquelas que hoje acabam por recair sobre os media sociais potenciados pelas plataformas digitais, o que os torna credores de obrigações ético-morais, mas também de transparência na sua governação e limitação da liberdade de expressão[119]. Estes deveres decorrem da **(i)** facilitação que permitem ao ativismo cívico; da **(ii)** substituição da organização digital dos tradicionais fóruns públicos; e, por último, **(iii)** pela personalização de conteúdo apresentado ao utilizador estabelecendo unilateral e discricionariamente as regras que cada utilizador se sujeita[120].

[117] *Cfr.* James Bohman, *The Transformation...*, cit., p. 84.
[118] *Cfr.* Jack Balkin, *How to...*, cit., p. 12.
[119] *Cfr.* Jack Balkin, *Free...*, cit., p. 2041.
[120] *Idem, idem.*

Assim, e como bem se compreenderá, a esfera pública digital necessita do surgimento de novos instrumentos jurídico-regulatórios que equilibrem o peso do interesse privado das plataformas e da esfera digital[121] e aqueles interesses públicos cuja prossecução é tendencialmente responsabilidade do Estado[122]. Em suma, são necessárias novas instituições que mercê da cooperação entre as plataformas digitais e as entidades públicas assegurem que o princípio democrático resista intacto a esta mutação proporcionada pelas plataformas digitais[123].

VI. Radica em KANT uma espécie de princípio transcendental e positivo de Direito Público, que permite um ampliação do escopo aplicativo do Direito, e que o Autor corporiza numa fórmula muito específica construída da seguinte maneira: «*todas as máximas que necessitam da publicidade (para não fracassarem no seu fim) concordam simultaneamente com o direito e a política*», acrescentando o Autor que o fim da felicidade pública, só se alcança "*mediante a publicidade, isto é, através da eliminação de toda desconfiança quanto às máximas, se pode alcançar, então estas devem estar também*

[121] Interesses que acabam por, naturalmente, estar mais relacionados com a maximização da rentabilidade do seu negócio, assente na publicidade direcionada ao utilizador e na atenção deste do que no respeito pelo princípio democrático e prossecução de uma maior qualidade democrática. *Cfr.* BALAGUER CALLEJÓN, *Redes Sociais...*, cit., p. 595.

[122] *Cfr.* a apresentação de AUGUSTO AGUILAR CALAHORRO, da obra de PAULO BRASIL MENEZES, *Fake News...*, cit., p. 25.

[123] *Cfr.* JAMES BOHMAN, *The Transformation...*, cit., p. 90.

em concordância com o direito do público, pois só no direito é possível a união dos fins de todos"[124].

Ora, este entendimento deve assentar numa conceção integradora do Direito Público cuja legitimidade do Direito pátrio se estrutura num sistema jurídico internacional, assente numa estrutura constitucional que compreenda a dicotomia nacional-internacional, assente numa ordem global de partilha de responsabilidades e de tarefas[125]. Nem se diga, por seu turno, que o facto de serem entidades privadas lhes retira a possibilidade de recurso aos poderes públicos na sua atividade, porque é precisamente isso que hoje as plataformas digitais fazem, ao decidir quem pode, ou não, permanecer nas suas comunidades, quem pode dizer o quê, quem vê o quê, mas também quem se comporta de acordo com os seus padrões, sem qualquer garantia ou sindicabilidade dos critérios por si discricionariamente decididos. E isso acontece, uma vez que, as entidades privadas acabam por perceber que o modo de atuação cujo figurino decorre do Direito Constitucional e Direito Administrativo são um instrumento de legitimação das suas decisões[126]. À margem das liberdades constitucionais foi construído um império da vigilância que tudo recolhe, tudo analisa, tudo prevê e, só por isso, já é credor

[124] *Cfr.* Kant, *A Paz...*, cit., pp. 184-185.

[125] *Cfr.* Mattias Kumm, *The Cosmopolitan Turn in Constitutionalism: An Integrated Conception of Public Law*, **in** Indiana Journal of Global Legal Studies, Vol. 20, N.º 2, 2013, pp. 625-626.

[126] *Cfr.* Rogério Soares, *Direito...*, cit., pp. 100-101.

de princípios governativos que as encaminhem para o Direito, ao invés da permissão destas criarem o seu próprio Direito, qual monarca absolutista que tudo pode e tudo impõe.

As vicissitudes próprias das plataformas e a sua construção hegemónica num pequeno oligopólio, permitem que à boleia das liberdades constitucionais, estas se tornassem num verdadeiro contrapoder, movendo as peças de um tabuleiro de xadrez onde os cidadãos são as peças e as plataformas digitais o jogador, sem controlo ou governo, sem limitação de poderes, à margem da fórmula constitucional traduzida na "*arrumação formal estabilizada em preceitos jurídicos*"[127], sem que disso tenhamos dado conta ou tenhamos qualquer possibilidade de resposta. Na verdade, se com o poder de permissão que todos tenham voz, as plataformas digitais abriram uma caixa de esperança nos seus utilizadores, rapidamente utilizaram essa esperança em seu proveito próprio, permitindo que os novos populistas e potenciais ditadores sejam, em primeiro lugar, os novos influenciadores digitais. Se é certo que, na sociedade de massas atual é muito mais procurada a forma simples de aceder ao conteúdo e, com isso, a personalização se demonstra um trunfo, a democracia não deve ser encarada como uma realidade simples que se constrói e alimenta autonomamente. Não, a democracia é difícil e exigente, não é

[127] *Cfr.* ROGÉRIO SOARES, *Direito...*, cit., p. 24.

um presente, mas sim uma oportunidade[128], sendo essa a forma como deve ser promovida e protegida. Ao constitucionalismo coube sempre o papel de proteger o cidadão do exercício excessivo do poder e, por isso, a constitucionalização que deve ocorrer dentro das plataformas, deve partir destas, com os poderes públicos, para entidades que lhe sejam externas e por isso as governem de acordo e em respeito com os mais variados princípios constitucionais.

No capítulo seguinte, trataremos da Constitucionalização das plataformas digitais.

[128] *Cfr.* INGOLF PERNICE, *Multilevel Constitutionalism and the Crisis of Democracy in Europe,* **in** European Constitutional Law Review, Volume 11, Issue 3, Dezembro de 2015, p. 561.

IV. A Constitucionalização das Plataformas Digitais como um Imperativo de Direito Constitucional

No capítulo anterior optámos por demonstrar como as plataformas digitais devem ser consideradas um assunto de Direito Público. A transnacionalidade destas, os efeitos globais das suas ações, o excessivo poder discricionário que exercem sobre os seus utilizadores e os seus efeitos no princípio democrático, requerem uma ação por parte dos poderes públicos e, se é certo que a solução não parece passar por regulações estritamente nacionais de problemas globais, não será menos relevante olhar para uma solução construída no seio do Direito Constitucional que liberto das amarras do Estado se projeta num mundo globalizado.

Ao longo do presente capítulo analisaremos o que se deve entender pela constitucionalização das plataformas digitais, pela Doutrina do constitucionalismo global e, a final, atentaremos na construção do constitucionalismo multinível e do Direito Constitucional Europeu.

1) A Constitucionalização das Plataformas Digitais

I. A revolução digital que temos vindo a analisar ao longo do presente estudo deixou marcas evidentes na sociedade como um todo. O Direito, e sobretudo o Direito Constitucional, não podem ser alheios a esta mudança, tendo sentido na pele os efeitos de uma realidade desconhecida e em constante mutação potenciada pelas plataformas digitais cuja implementação, como vimos, ocorreu já neste século.

É sabido que as plataformas digitais pelos seus efeitos na comunidade global são tidas como sujeitos de Direito Público e, como tal, são-no também de Direito Constitucional. O Direito Constitucional assente no Estado que aprendemos nos bancos da licenciatura, demonstrou-se incapaz de solucionar os problemas originados fora do próprio Estado e, se passámos da euforia de crer que os problemas seriam resolvidos a partir das manifestações e pressões criadas na esfera pública digital[129], para uma realidade em

[129] *Cfr.* Vasco Pereira da Silva, *The New World of Information and New Technologies in Constitutional and Administrative Law*, **in** ELPIS v--Law Review, N.º 3, 2021, 20(2)1 Law in a Space Odissey – Robots, Computers, Digitalization as the New Challenges to the Law.

que estes se vão solucionando por consensos gerados num tempo diferente do imediatismo digital potenciado pelas plataformas[130], não deixámos de perceber que os problemas do mundo atual se resolvem, em grande medida, fora do Estado[131] e, como tal fora da Constituição do Estado. Assim, as funções da Constituição do Estado são ineficazes frente a agentes globais que não encontram limitações à sua ação nessas constituições ou em legislação estadual específica[132]. Ora, se assim é, poder-se-ia assumir uma fragilidade de proteção de direitos fundamentais constitucionalmente garantidos, sendo estes direitos e estas liberdades que, em larga medida garantem às plataformas uma ampla margem de autonomia e operação, permitindo que assim se ataquem princípios democráticos e de direito à informação a partir de qualquer lugar[133].

Isto não significa que a Constituição e o Constitucionalismo sejam relegados a um papel secundário e lateral na construção de uma sociedade assente em princípios democráticos[134], pelo contrário.

130 *Cfr.* Balaguer Callejón, *Redes Sociais...*, cit., pp. 586-587.

131 *Cfr.* Lorenzo Casini, *Lo Stato...*, cit., p. 9.

132 *Cfr.* Balaguer Callejón, *Redes Sociais...*, cit., p. 586.

133 *V.g.*, a torrente de *tweets* provenientes da Rússia com conteúdos falsos e de desinformação especialmente dirigidos aos *swing states* nas eleições Presidenciais Americanas de 2016, que criando um caos, permitiram uma maior votação no candidato vencedor, alicerçada numa campanha negra de difamação e acusações falsas à candidata que acabou derrotada.

134 Kant assume a Constitucionalização como o caminho para a paz perpétua. *Cfr.* Kant, *A Paz...*, cit., pp. 137 e ss..

É ao constitucionalismo que continua a competir proteger direitos fundamentais que criem segurança nos seus titulares, mas também a todos os operadores, sabendo que assim se protege o princípio democrático e se garante que não existe um exercício excessivo e discricionário do poder[135], por parte de entidades privadas, fora da esfera legal e constitucional. É que, estas complexas e opacas organizações globais, organizam-se internamente com inspiração no Estado tradicional, quer no exercício do poder, quer na sua própria governação[136], devendo assegurar-se que estas entidades privadas se vinculem aos princípios e valores constitucionais e que os seus princípios de gestão se curvem diante do constitucionalismo e da sua defesa[137].

II. Os períodos de crise, são períodos transformadores para o Direito Público e, como tal, para o Direito Constitucional. Sucede que, a crise que vivemos na década passada deixou marcas profundas na sociedade e alguma incredulidade desta para com os ataques externos a direitos que se supunham constitucionalmente garantidos, sem que a Constituição tivesse capacidade de reação que permitisse defender

[135] *Cfr.* Lars Viellechner, *Constitutionalism as a Cipher: On the Convergence of Constitutionalist and Pluralist Approaches to the Globalization of Law*, **in** GoJIL – Goettingen Journal of International Law, Vol. 4, N.º 2, 2012, p. 621.

[136] *Cfr.* Lorenzo Casini, *Lo Stato...*, cit., p. 10.

[137] *Cfr.* Enrique Conde, *El Derecho Constitucional y La Crisis*, **in** Revista de Derecho Político, N.º 88, 2013, p. 109.

o seu exercício diante, claro está, a entidades transnacionais.

Há, por isso, quem defenda que o modelo tradicional de representação política assente em políticos e partidos entrou em crise, que se propagou também aos cidadãos que deixaram de se rever nestes e a sua legitimidade tendeu a diluir-se na espuma dos dias e das crises, perdendo-se a centralidade do parlamento que acaba por contagiar o sistema político-constitucional como um todo[138]. Por outro lado, também se pode considerar que, com o cumprimento da plenitude das funções que foram atribuídas aos processos constitucionais no século passado, se atingiu uma maturidade constitucional, assente no controlo do poder e na resolução de conflitos sociais no plano do Estado-Nação[139]. E isto sucede, nesta conceção, mercê da globalização que diluiu uma boa parte do poder do Estado, modificando o paradigma do poder para fora do Estado, deixando que os Direitos regulados constitucionalmente não consigam ser protegidos contra imposições ou agressões vindas do exterior[140]. Assim, os grandes consensos constitucionais foram colocados em causa, uma vez que não se conseguiram impor a entidades supranacionais, nem tão pouco, à crise da

[138] *Cfr.* Tommaso Frosini, *Internet...*, cit., pp. 67-68.

[139] *Cfr.* Balaguer Callejón, *El Final de Una Época Dorada. Una Reflexión Sobre la Crisis Económica y El Declive del Derecho Constitucional Nacional*, **in** Estudos em Homenagem ao Professor Doutor José Joaquim Gomes Canotilho, Vol. II, 2012, Coimbra, Coimbra Editora, p. 100.

[140] *Cfr.* Balaguer Callejón, *Las Dos...*, cit., p. 41.

dívida pública e aos planos de resgate, erodindo o seu poder de uma forma que até então não se tinha sentido[141], permitindo que se conclua que a Constituição deixou de conseguir cumprir o seu papel diante de entidades globais, como o fazia antes do fenómeno de globalização[142], correndo o risco de ser relegada para um papel secundário e marginal[143]. Para quem defende que a globalização veio afetar o Constitucionalismo, também se defende que isso aconteceu porque as entidades globalizadas estabeleceram regras similares às regras constitucionais de controlo e responsabilização internas e, também que estes mecanismos foram desenhados para se tornarem imunes à interferência política dos Estados[144]. Uma tese contraposta, assenta na ideia segundo a qual a globalização não colocou o Constitucionalismo em crise, mas sim a noção isolada de Estado soberano, uma vez que este se afigura incapaz de cumprir com as funções que originariamente se lhe encontravam acometidas no período anterior à globalização[145].

Tendemos a concordar com esta última tese, uma vez que a realidade, nos tempos atuais, assume-se

[141] *Cfr.* Balaguer Callejón, *Las Dos...*, cit., p. 46.

[142] *Cfr.* Balaguer Callejón, *Redes Sociais...*, cit., p. 586.

[143] *Cfr.* Balaguer Callejón, *Las Dos...*, cit., p. 54.

[144] *Cfr.* Martin Loughlin, *The Contemporary Crisis of Constitutional Democracy*, in Oxford Journal of Legal Studies, Vol. 39, N.º 2, 2019, p. 442.

[145] *Cfr.* Ingolf Pernice, *Risk Management (I)...*, cit., p. 88.

como global e sem fronteiras[146], criando uma relação de interdependência entre as soluções dimanadas do Direito pátrio como harmonizáveis e influenciadas por normas externas, mas também influenciando-as de forma recíproca[147], e por isso mais do que considerarmos que estamos diante de uma crise da Constituição, devemos assumir que o Direito Constitucional não é uma realidade hermética que não se modifica com o tempo, nem se regenera mercê de uma impossibilidade de evolução em si. Pelo contrário, os desafios que sempre foram colocados ao Direito Constitucional, permanecem intactos, ainda que os seus atores possam ter-se modificado com o tempo, ou a sua revelação tenha passado para um outro caminho de evolução. Na verdade, a globalização acaba por expandir o Constitucionalismo, uma vez que a realidade social passa para fora do Estado, em locais onde o Constitucionalismo nunca teve oportunidade de deixar a sua marca[148]. Mesmo aqueles que consideram que a globalização pode ser a responsável por uma pretensa crise Constitucional, não deixam de reconhecer que estas entidades transnacionais se organizam segundo

[146] *Cfr.* Ingolf Pernice, *Risk Management (I)...*, cit., p. 86.

[147] *Cfr.* Vasco Pereira da Silva, *O Impacto do Direito Administrativo sem Fronteiras no Direito Administrativo Português,* **in** Direito Constitucional e Administrativo sem Fronteiras, 2019, Coimbra, Almedina, p. 47.

[148] *Cfr.* Angelo Golia / Gunther Teubner, *Societal Constitutionalism (Theory Of),* **in** Max Planck Institute for Comparative Public Law & International Law (MPIL), Research Paper N.º 2021-08, 2021, p. 15.

princípios Constitucionais e, por isso, a haver uma crise não pode ser considerada do Direito Constitucional, mas sim de uma determinada função do Direito Constitucional.

III. O constitucionalismo moderno estende a sua *longa manus* para lá do Estado em organizações que lhe são externas assentando num sistema compósito de fontes que assume influência no Estado e, porque o Constitucionalismo moderno é uma estrada de duas vias, nas organizações que com ele interagem[149]. Assim, o Direito Constitucional atual deve ser entendido como uma realidade que se projeta para lá da Constituição do Estado, abrindo-se a novos espaços e organizações que, teoricamente, se situariam fora do espetro Constitucional[150], refundando-se num Direito que se projeta em soluções comparadas assentes numa globalização que é, também ela, jurídica malgrado a perceção negativa que sobre esta impende pela verticalização usual das relações entre as esferas internacionais e nacionais[151].

Ao constitucionalismo ficará, como sempre, guardada a função de guardião do respeito pelos direitos fundamentais e limitador do poder exercido sobre a generalidade dos cidadãos, função que lhe é tradi-

[149] *Cfr.* Sánchez Barrilao, *El Derecho Constitucional Ante la Era de Ultrón: La Informática y la Inteligência Artificial como Objeto Constitucional*, **in** Estudios de Deusto – Revista de Derecho Público, Vol. 64, N.º 2, 2016, pp. 231-232.

[150] *Cfr.* Sánchez Barrilao, *El Derecho...*, cit., pp. 232-233.

[151] *Cfr.* Lorenzo Casini, *Lo Stato...*, cit., p. 9.

cional, mas que tem a novidade de limitar o poder de entidades privadas que exercem funções tendencialmente públicas, transformando a sociedade numa realidade mais igualitária e equilibrada[152]. Assim, verificar-se-á uma extensão de normas constitucionais a atores privados horizontalmente, rejeitando a separação rígida entre atores públicos ou privados e assumindo o seu impacto no relacionamento entre entidades privadas[153]. E isto decorre, como bem se compreenderá, da necessidade de constitucionalizar o poder, seguindo-o de forma a realizar o interesse público decorrente do bem-estar coletivo[154].

Assumida que se encontra esta nova realidade, não podemos deixar de considerar que, se é verdade que as plataformas digitais atuam num plano que se assume diverso do plano do Constitucionalismo assente na ideia de Estado, porque estas polarizam e gerem a discórdia pública ao contrário da busca de soluções[155], não é menos verdade que estas se têm de adaptar ao Direito Constitucional, num caminho que permitirá que também o Direito Constitucional se adapte à existência destas plataformas sem Estado e,

152 *Cfr.* Martin Loughlin, *The Contemporary...*, cit., pp. 439-440.

153 *Cfr.* Giovanni de Gregorio, *From Constitutional...*, cit., p. 97.

154 *Cfr.* Vital Moreira, *Constitucionalismo Supranacional: A União Europeia Depois do Tratado de Lisboa*, **in** Estudos em Homenagem ao Professor Doutor José Joaquim Gomes Canotilho, Vol. II, 2012, Coimbra, Coimbra Editora, pp. 532-533.

155 *Cfr.* Balaguer Callejón, *Redes Sociais...*, cit., p. 593.

atualmente, também sem Direito[156]. Por isto, estamos em crer que a melhor solução para uma legalização ou, melhor dito, legitimação das plataformas digitais que operam de forma que perpassa qualquer tipo de alcance de uma política nacional, ou de uma limitação nacional de poder, assenta no Direito Constitucional, por ser esta a forma que melhor permite a sua governação global[157].

Em seguida, analisaremos o movimento do constitucionalismo global e como este pode, em parte, ser um contributo para a constitucionalização das plataformas digitais.

2) O Constitucionalismo Global

I. Como já fomos antevendo no número anterior, o constitucionalismo global pode ser uma proposta que agregue a fragmentação de regras de Direito Internacional proporcionadas pela revolução digital permitindo que a final, tenhamos um *governance* global das plataformas digitais. As plataformas digitais, nesta construção que nos encontramos a realizar, atuam na ordem global problematizando de uma forma que até hoje se nos afigurava pouco provável. Assim, a conceção a que devemos recorrer é cosmopolita porque dependente de normas de Direito pátrio e de Direito

[156] *Cfr.* Balaguer Callejón, *Las Dos...*, cit., p. 52.

[157] *Cfr.* Ingolf Pernice, *Global Cybersecurity Governance: A Constitutionalist Analysis,* **in** Global Constitutionalism, Vol. 7, Issue 1, 2018, p. 113.

Internacional atuante na esfera global, vinculando privados e sujeitos de Direito Público, em plena interdependência que coordena respostas e soluções promovendo *standards* constitucionais a partir dos seus valores e princípios[158].

Assim, são os limites constitucionais que assumem a dianteira para o estabelecimento de regras que permitam uma constitucionalização das plataformas que partindo destes assegurem o respeito pelos Direitos Fundamentais, garantindo que estes não são o entrave que as plataformas digitais pretendem fazer crer, mas a garantia que lhes impede um comportamento similar ao de um Estado absolutista que tudo pode e tudo impõe[159]. A estas dificuldades, não deve ser alheia a perda de monopólio do Estado na esfera internacional que, com a proliferação de novos sujeitos, obriga a novos fenómenos constitucionais, organizando atores e construindo a formalização da divisão de poderes de cada um, estendendo a aplicabilidade dos Direitos Humanos a relações entre particulares[160].

II. É neste contexto em que se assume que há um Constitucionalismo que se constrói para lá do Estado[161] e que assenta na assunção de instrumentos e

[158] *Cfr.* Mattias Kumm, *The Cosmopolitan...*, cit., p. 625.

[159] *Cfr.* Balaguer Callejón, *Redes Sociais...*, cit., p. 588.

[160] *Cfr.* Vasco Pereira da Silva, *"O Gosto de Diderot" e a Constituição Europeia*, **in** Direito Constitucional e Administrativo sem Fronteiras, 2019, Coimbra, Almedina, p. 70.

[161] Vital Moreira, chama à atenção desta realidade, quando refere que: *"o caso das constituições das unidades federadas mostra que a noção de*

processos para estabelecer, organizar e limitar a autoridade pública num nível global que surge o Constitucionalismo Global[162]. No fundo, trata-se de um movimento que defende a aplicação dos princípios constitucionais numa esfera jurídica global, garantindo uma melhor eficácia e justiça de uma pretensa ordem jurídica global[163].

Na verdade, o Constitucionalismo global, funciona como uma espécie de conceito cobertura (*umbrela concept*) para a interconexão de ordens legais de várias latitudes, sejam elas supranacionais, internacionais e/ou privadas em respeito pela estrutura Constitucional de normas tomando em atenção a capacidade de gerar consensos globais para a criação de uma realidade assente em standards de governação aceites a nível global[164]. No limite, assentando numa lógica de interdependência global de várias entidades com interesses difusos, constrói-se um sistema em que todos convergem em interesses que sendo nacionais são compatíveis com interesses globais[165]. Em suma, a partir do constitucionalismo global fomenta-se a cria-

constituição não está vinculada à soberania estatal, bastando-se com a existência de uma organização política com poderes de autoridade e com jurisdição territorial". Cfr. VITAL MOREIRA, *Constitucionalismo...*, cit., p. 523.

[162] *Cfr.* INGOLF PERNICE, *Global...*, cit., p. 7.

[163] *Cfr.* ANNE PETERS, *The Merits of Global Constitutionalism,* **in** Indiana Journal of Global Legal Studies, Vol. 16, N.º 2, 2009, p. 397.

[164] *Cfr.* CHRISTIAN VOLK, *Why Global Constitutionalism Not Live Up To Its Promises,* **in** GoJIL – Goettingen Journal of International Law, Vol. 4, N.º 2, 2012, pp. 554-555.

[165] *Cfr.* ANNE PETERS, *The Merits...*, cit., p. 402.

ção de regras e princípios por todos consensualizados para a proteção de interesses coletivos que permitem não só a limitação de poder de todos, mas também uma cooperação entre várias entidades globais[166].

Os problemas que decorrem da globalização, são tidos como o motor que faz a noção de constitucionalismo global avançar, uma vez que obrigam o Estado a cooperar no seio de organizações internacionais em matérias que tradicionalmente seriam da sua competência, permitindo o surgimento de um *governance* que se exerce de forma supranacional diluindo o poder das Constituições Estatais, cujos princípios em que assentam podem ser replicados globalmente como princípios geralmente aceites e cumpridos por estas organizações, numa lógica de cooperação institucional[167]. Esta relação simbiótica, permite que os poderes globais sejam exercidos numa lógica partilhada entre as organizações e os Estados, e não numa lógica imposta entre si[168].

III. Como facilmente se compreenderá, o processo de estabelecimento de um processo constitucional global, decorre da globalização, mas também da criação da esfera pública global[169], mas se também esta tem as dificuldades que já identificámos, sendo plena

[166] *Cfr.* Christian Volk, *Why Global...*, cit., pp. 557-558.

[167] *Cfr.* Anne Peters, *The Merits...*, cit., p. 405.

[168] *Cfr.* Lorenzo Casini, *Lo Stato...*, cit., p. 9.

[169] *Cfr.* Sabino Cassese, *The Global Polity. Global Dimensions of Democracy and the Rule of Law*, 2012, Sevilha, Global Law Press – Editorial Derecho Global, p. 63.

de ambiguidades, não poderíamos esperar um resultado diferente quando se aventa a possibilidade de uma globalização do Direito e, em especial, do Direito Constitucional[170]. Assim, e não obstante o Constitucionalismo global legitimar um conjunto de normas aceites por vários atores globais[171] e as regras constitucionais permitirem a criação de comportamentos que outro modo inexistiriam e que disciplinam problemas globais, constitucionalizando-os e consensualizando-os permitindo a limitação do poder destas organizações[172], cremos que ainda não se conseguiu assentar um consenso global relativamente a matérias tão complexas quanto ambíguas.

E, com Vasco Pereira da Silva[173], cremos que isso decorre de três razões fundamentais, a saber: **(i)** a não existência de um consenso global quanto aos princípios e regras fundamentais de organização ou separação de poderes, como também a inexistência de um mecanismo processual de proteção de direitos humanos internacionais que corporize uma constituição material na esfera global; porque, **(ii)** os mecanismos de defesa judicial para a proteção dos direitos humanos são ainda muito reduzidos; e, também, **(iii)** pelo défice de realização das normas internacionais nos variados ordenamentos. Talvez por isto, faça mais sentido, assentar numa lógica multinivelada de

170 *Cfr.* Sabino Cassese, *The Global...*, cit., p. 66.

171 *Cfr.* Anne Peters, *The Merits...*, cit., p. 410.

172 *Cfr.* Gunther Teubner, *The Project...*, cit., p. 50.

173 *Cfr.* Vasco Pereira da Silva, *"O Gosto de Diderot"...*, cit., p. 71.

poder na União Europeia assente num Constitucionalismo Multinível.

Em seguida, avaliaremos o Constitucionalismo Multinível e, como ele não só retrata a forma como devemos olhar para a nossa vivência enquanto Europeus, mas também a forma como este corporiza a sua influência sobre um Constitucionalismo Digital na União Europeia.

3) O Constitucionalismo Multinível e o Constitucionalismo Europeu

I. O Constitucionalismo Multinível, vê o seu ponto de partida situar-se na pessoa humana, assumindo que, nada é mais soberano do que a vontade da pessoa humana. Esta construção, ao colocar a pessoa no centro, permite que ao cidadão seja concedido uma função essencial que alicerçado nas constituições nacionais, desempenha um papel mais relevante para esta corrente Doutrinária[174].

A lógica do Constitucionalismo Multinível surgida na Europa, assenta na correlação entre as Constituições nacionais e o Direito Internacional, na perspetiva dual de Estados e pessoas, assumindo que o cidadão é o verbo da autoridade pública, cujos inte-

[174] É por isso que, lapidarmente, INGOLF PERNICE, ao explicar a importância do cidadão no constitucionalismo multinível, refere que: "*Democracy is not a gift, but an opportunity*". *Cfr.* INGOLF PERNICE, *Multilevel...*, cit., p. 561.

resses são servidos numa lógica de complementaridade por várias camadas de poder[175]. Estas camadas, representam distintos patamares de normas constitucionais que, sendo complementares e, como tal, compatíveis e conjugáveis, são patamares distintos uns dos outros[176]. Poder-se-ia pensar, estamos certos, que mercê da dimensão vertical e horizontal do sistema Constitucional multinivelado, visto este assumir uma relação de cooperação e mútuo reconhecimento dos vários Estados, sempre baseado no princípio da subsidiariedade que confere unidade ao sistema, exista uma hierarquia entre o normativo nacional e internacional, mas, na realidade, o que sucede é o reconhecimento de autonomia entre ambos os patamares[177], numa lógica de cooperação e complementaridade[178].

[175] *Cfr.* Ingolf Pernice, *The Treaty of Lisbon: Multilevel Constitutionalism in Action,* **in** The Columbia Journal of European Law, Volume 15, N.º 3, 2009, p. 372.

[176] *Cfr.* Vasco Pereira da Silva, *"O Gosto de Diderot"...*, cit., p. 77.

[177] *Cfr.* Ingolf Pernice, *The Treaty...*, cit., p. 382.

[178] Peter Häberle, defendendo que não deve existir uma verdadeira hierarquia entre diversas fontes constitucionais, mas sim uma conexão alicerçada na complementaridade e cooperação, manifesta as suas dúvidas relativamente ao constitucionalismo multinível, pela hierarquia entre as fontes. *Cfr.* Peter Häberle, *El Constitucionalismo como Proyecto Científico,* Tradução: Miguel Azpitarte Sánchez **in** Revista de Derecho Constitucional Europeo, Año 15, N.º 29, Enero-Junio de 2018, p. 106. Na verdade, sendo o constitucionalismo multinível um sistema Constitucional compósito de partilha entre elementos nacionais e supranacionais, assentes na cooperação entre normais constitucionais de vária ordem, estamos em crer que se encontra próxima da lógica da Constituição Nacional como Constituição parcial que o

II. Assumindo a pessoa como o centro soberano de si próprio, o Constitucionalismo Multinível, afigura-se como uma construção decorrente do princípio da dignidade da pessoa humana com todo o seu conteúdo normativo[179]. A base assente na dignidade da pessoa humana, afigura-se como mais uma das parecenças com a construção de PETER HÄBERLE assente nas constituições parciais em que os tratados internacionais podem ser considerados Constituições parciais, também em virtude dos valores Constitucionais orientadores sobrc os quais versam, como o respeito pelo princípio da dignidade da pessoa humana que, também decorrem do Direito Constitucional nacional[180].

Autor defende. Não cremos encontrarmo-nos muito longe da verdade, quando entendemos que o Constitucionalismo multinível é aquele que mais se aproxima desta construção do Autor. E, como bem nota o Mestre, os tratados têm na sua duração e matérias reguladas, uma similitude próxima das constituições nacionais, a que lhe acrescem os valores que lhes são orientadores e a limitação de poder que encerram, sendo por isso, materialmente normas constitucionais, que precedem do Direito Constitucional Nacional e que, por «osmose» de constituições parciais nacionais e internacionais se conectam e se relacionam reciprocamente. *Cfr.* PETER HÄBERLE, *El Constitucionalismo Universal Desde las Constituciones Parciales Nacionales e Internacionales. Siete Tesis*, Tradução: FRANCISCO BALAGUER CALLEJÓN, **in** Direito Público, Ano X, N.º 54, novembro-dezembro de 2013, p. 12.

179 *Cfr.* INGOLF PERNICE, *Risk Management in the Digital Constellation – A Constitutional Perspective (Part II)*, **in** Revista de Internet, Derecho Y Política, N.º 27, 2018, pp. 86-87.

180 *Cfr.* PETER HÄBERLE, *El Constitucionalismo Universal...*, cit., p. 11.

O Constitucionalismo Multinível assenta em quatro bases[181], a saber: **(i)** não se centra na soberania estadual[182], mas sim na soberania individual de cada pessoa; **(ii)** os poderes de soberania[183] são atribuídos pelo povo às instituições que o compõem e que os partilham em camadas por diferentes níveis de atuação; **(iii)** os poderes de cada nível obedecem ao princípio da subsidiariedade que permite um controlo democrático ao exercício dos poderes e um maior nível de eficácia de cada nível; e, por último, **(iv)** assenta-se na ideia segundo a qual as constituições pátrias não são independentes e isoladas umas das outras, mas parte de um sistema constitucional compósito[184].

O constitucionalismo multinível deve ser abordado como uma teoria normativa baseada num modelo de organização próprio e apto a enquadrar várias instituições supranacionais[185], como por exem-

[181] *Cfr.* Ingolf Pernice, *Risk Management (II)...*, cit., p.86.

[182] Como nota Vital Moreira, trata-se de um fenómeno «*pós-vestfaliano*», em que "o *Estado deixa de ser a única entidade política dotada de poderes soberanos, passando a ser somente um dos níveis de um poder político repartido em vários estratos ou camadas sobrepostas*". *Cfr.* Vital Moreira, *Constitucionalismo...*, cit., p. 503.

[183] O recurso ao termo poderes de soberania é, na realidade, mais útil do que o termo soberania de Estado, uma vez que, a partilha desses poderes por vários Estados assume uma maior utilidade para o cidadão, balizados no respeito pelo princípio da subsidiariedade. *Cfr.* Ingolf Pernice, *Multilevel...*, cit., p. 555.

[184] *Cfr.* Ingolf Pernice, *Global Cybersecurity...*, cit., pp. 39-40.

[185] *Cfr.* Ingolf Pernice, *Multilevel...*, cit., p. 547.

plo aquele composto pelas entidades provenientes do mundo digital que permitem a constitucionalização de entidades externas aos Estados e aos poderes públicos[186].

III. Se optássemos por proceder a uma conceptualização sobre o Direito Constitucional Europeu, poderíamos desde logo afirmar que este, frequentemente, se materializa em forma de princípios gerais de Direito[187]. Por outro lado, há quem considere que em sentido estrito, deve ser entendido como Direito Constitucional Europeu, o Direito Constitucional da União Europeia e, em sentido amplo, os diversos espaços constitucionais que interagem entre si no espaço europeu, incluindo o Direito Constitucional dos estados-membros[188].

Desde a Jurisprudência *Van Gend & Loos* do então Tribunal de Justiça da Comunidade Europeia, que

[186] *Cfr.* Ingolf Pernice, *Global...*, cit., p.8.

[187] *Cfr.* Peter Häberle, *Derecho Constitucional Común Europeo*, Tradução de: Emilio Mikunda Franco, **in** Revista de Estudios Políticos, N.º 79, 1993, p. 12.

[188] *Cfr.* Balaguer Callejón, *El Final...*, cit., p. 117, nota 22. Vital Moreira, por seu turno, entende que: "*num sentido estrito, a noção de constituição é entendida como lei fundamental dos Estados soberanos (unitários ou federais). Mas também é incontestável que num sentido amplo a constituição é igualmente a lei fundamental de colectividades políticas territoriais sem poderes soberanos, ainda que com poderes legislativos, executivo e judiciais próprios (v.g. constituições dos estados federados). E num sentido amplíssimo, fala-se na doutrina em constituição como estatuto constitutivo de qualquer organização política territorial com poderes de autoridade ("constituição" municipal, "constituição" das regiões autónomas, etc.)*". *Cfr.* Vital Moreira, *Constitucionalismo...*, cit., p. 523.

se assume pacificamente dever considerar que, a então Comunidade "*constitui uma nova ordem jurídica de direito internacional, a favor da qual os Estados limitaram, ainda que em domínios restritos, os seus direitos soberanos, e cujos sujeitos são não só os Estados-membros, mas também os seus nacionais*"[189], sendo certo que à consideração como «*comunidade de Direito*», decorre uma outra que assenta na ideia, segundo a qual "*nem os seus Estados-membros nem as suas instituições estão isentos da fiscalização da conformidade dos seus actos com a carta constitucional de base que é o Tratado*"[190]. Por fim, e recentemente, já se decidiu que "*os efeitos decorrentes do princípio do primado do direito da União se impõem a todos os órgãos de um Estado-Membro, sem que, nomeadamente, as disposições internas relativas à repartição das competências jurisdicionais, incluindo de ordem constitucional, se possam opor-lhes. Com efeito, segundo jurisprudência assente, não se pode admitir que a unidade e a eficácia do direito da União sejam postas em causa por regras de direito nacional, ainda que de ordem constitucional*"[191]. Há muito que o

[189] *Cfr.* Ac. TJUE, de 05-03-1963, Proc. C-26/62 (Van Gend & Loos).

[190] *Cfr.* Ac. TJUE, de 23-04-1986, Proc. C-294/83 (Les Vert).

[191] *Cfr.* Ac. TJUE, de 2-03-2021, Proc. C-824/18. Sobre a forma como o primado, numa estrutura multinível não significa uma relação hierárquica entre ambos, INGOLF PERNICE refere que: "*Member States and their constitutional courts have acknowledged the primacy of European law even over their national constitutions, but this is not an unconditional primacy. In the view of multilevel constitutionalism, this is to be expected because there is no hierarchy between the two components of the European legal system. Rather, the relationship is pluralistic and cooperative as it is based upon the general recognition that European law is given precedence above national*

primado do Direito da União sobre o Direito pátrio dos Estados-membros era firmemente assumido[192], constituindo apenas novidade, a consideração que o primado do Direto da União Europeia tem, inclusivamente, força sobre as normas constitucionais dos Estados-membros da União.

Há quem considere que alguns dos problemas da crise democrática na União Europeia, se prendem, em larga medida, com o seu modelo de integração, que não seguiu um caminho baseado numa construção constitucional europeia, debilitando a sua soberania e, em consequência, debilitando a dos Estados que já haviam abdicado de parte da sua quota de poderes soberanos, perdendo também alguma qualidade democrática no seu seio[193]. Na verdade, na União Europeia resiste uma ideia de soberania partilhada pelos Estados-membros, em que a divisão do poder soberano permite que se construa uma noção de poder constituído que se envolva numa lógica multinível, em que a União Europeia não é um imperfeito Estado Federal, mas sim uma comunidade de Direito

law—including constitutional provisions. On this view, courts at the national and the European level share a responsibility to ensure the proper functioning of the Union, equal and effective application of the law throughout the Union, and the full respect of the basic principles common to the Union and its Member States—including the fundamental rights and liberties of the individual". *Cfr.* INGOLF PERNICE, *The Treaty...*, cit., pp. 382-383.

192 *Cfr.* JÜRGEN HABERMAS, *The Crisis of the European Union in the Light of a Constitutionalization of International Law*, **in** European Journal of International Law, Vol. 23, Issue 2, 2012, p. 340.

193 *Cfr.* BALAGUER CALLEJÓN, *Las Dos...*, cit., p. 44.

em que os Estados-membros têm autonomia Constitucional que reside e se constrói para lá do Estado-Nação[194].

No constitucionalismo atual, mais do que a utilização da noção de poder constituinte, importa sobretudo a noção de um poder constituído que se limita pela separação de poderes, como também pelo catálogo de Direitos que o cidadão pode expressar diante do poder[195] e nesse sentido, o "*exercício de um poder constituinte material difuso*" que lhe subjaz e compreende "*poderes constituintes materiais europeus com poderes constituintes materiais nacionais, incluindo-se nestes últimos não só os parlamentos nacionais como também até mesmo os tribunais constitucionais e o povo, quando haja referendo*"[196]. Esta pluralidade de poderes e atores constitucionais, é um dos marcos das constituições parciais[197] que se fundam na interação entre as ordens constitucionais parciais internas dos Estados-membros, e a ordem constitucional europeia[198], permitindo uma ordem constitucional que se interpenetra e se influencia mutuamente[199], permitindo uma evolução do Direito Constitucional Europeu, partindo da

[194] *Cfr.* Jürgen Habermas, *The Crisis...*, cit., p. 344

[195] *Cfr.* Vital Moreira, *Constitucionalismo...*, cit., p. 524.

[196] *Cfr.* Vasco Pereira da Silva, *"O Gosto de Diderot"...*, cit., pp. 74-75.

[197] *Cfr.* Peter Häberle, *El Constitucionalismo...*, cit., p. 113.

[198] *Cfr.* Balaguer Callejón, *El Tratado de Lisboa en el Diván. Una Reflexión sobre Estatalidad, Constitucionalidad Y Unión Europea,* **in** Revista Española de Derecho Constitucional, N.º 83, mayo-agosto 2008, pp. 86-87.

[199] *Cfr.* Peter Häberle, *El Constitucionalismo...*, cit., p. 111.

diversidade encontrada no Direito Constitucional pátrio dos Estados-membros[200] que, profundamente entrelaçados um no outro, não deixam de manifestar a sua perfeita independência[201].

Como podemos constatar, a União Europeia, deve ser entendida como um sistema constitucional composto, com várias constituições parciais, fundado na vontade dos cidadãos, na sua dupla vertente de cidadãos nacionais de um determinado Estado-membro, e de cidadãos europeus, partindo destes toda e qualquer legitimidade nas suas decisões, sendo por isso os guardiões da União em cada nível do sistema[202]. Assim, o Tratado de Lisboa, e a Carta dos Direitos Fundamentais na União Europeia são constitucionalismo em sentido material, e assumem-se como a personificação do Constitucionalismo multinível no espaço compreendido pela União Europeia[203], mesmo que a esse constitucionalismo sobrem insuficiências que lhe fomentam os conhecidos "défices constitucionais"[204].

Assentes que se encontram as ideias relativas ao Constitucionalismo multinível e relativamente à forma como este se afigura potenciado e promovido pelo Direito Constitucional Europeu decorrente

200 *Cfr.* Balaguer Callejón, *El Tratado...*, cit., p. 91.

201 *Cfr.* Ingolf Pernice, *European v. National Constitutions,* **in** European Constitutional Law Review, Vol. 1, 2015, p. 100.

202 *Cfr.* Ingolf Pernice, *Multilevel...*, cit., pp. 545-546.

203 *Cfr.* Ingolf Pernice, *The Treaty...*, cit., pp. 352-353.

204 *Cfr.* Vasco Pereira da Silva, *"O Gosto de Diderot"...*, cit., p. 77.

do Tratado de Lisboa, é tempo de avançarmos para uma lógica combinada de fontes, inspirada no constitucionalismo multinível, que se intitula de Constitucionalismo Digital. Sendo, como veremos, o Constitucionalismo Digital o ponto de partida, o ponto de chegada, alcançar-se-á num esquema de *governance* composto por fontes nacionais e europeias, para que se promova um modelo de *governance* transnacional assente nos três impérios da internet – Estados Unidos da América, União Europeia e China[205]. É o que faremos no capítulo seguinte.

[205] *Cfr.* Jack Balkin, *How to...*, cit., p. 19.

V. Do Constitucionalismo Digital Multinível ao Governance Digital Multinível

1) O Constitucionalismo Digital

I. O paradigma em que assentávamos no período anterior ao advento das plataformas digitais, de Estado e de matérias cuja competência seria sempre dedicada às autoridades públicas nacionais, ou em alguns casos, matérias de «*soberania partilhada*»[206] no seio da União Europeia, já não se afigura adequado aos dias de hoje. Desde logo, porque há matérias e atores cujo alcance supranacional deve ter um tratamento concentrado numa única entidade

[206] *Cfr.* Jürgen Habermas, *The Crisis...*, cit., p. 344.

transnacional[207] e, por outro, porque a globalização do acesso a informação, emissão de opinião e participação na esfera pública que, como defendemos é agora digital, acrescenta problemas ao já confuso processo de globalização, demonstrando que a tarefa do Estado, deixou de ser a necessária para aquela que por este seja realizável. Assim, é ao constitucionalismo que se deve recorrer, para a reforma das tarefas do Estado, mas também para a realização destas por outras entidades que lhe sendo externas, tenham a sua representação.

Ora, ao recorrer ao constitucionalismo, não nos podemos esquecer que os textos constitucionais não são apenas textos jurídicos, ou um conjunto de textos normativos, mas devem funcionar como um espelho que reflita o património cultural de um povo, da sua fundação ao seu Direito assente[208]. É, precisamente, este possível choque cultural que pode dificultar a existência de um Constitucionalismo Global, porque se é verdade que a cultura constitucional europeia não assume diferenças intransponíveis entre os Estados-membros, a que acrescem os laços históricos entre os diversos Estados e diversas comunidades, o mesmo não pode ser extrapolado para todos os

[207] *Cfr.* Sabino Cassese, *Stato in Trasformazione*, **in** Rivista Trimestrale di Diritto Pubblico, Fasc. 2, 2016, p. 7.

[208] *Cfr.* Peter Häberle, *The Constitutional State and Its Reform Requirements*, Tradução de: Nils Junge, **in** Ratio Juris, Vol. 13, Issue 1, 2000, p. 79.

Estados-Nação ou federações de Estados do mundo[209], a que acresce a dificuldade de estabelecimento de quais os princípios gerais que sejam aceites por todos[210], bem como a sua sindicabilidade.

II. O constitucionalismo digital é o resultado da junção de dois termos distantes, em que o digital se refere à tecnologia em que a internet e as plataformas se baseiam, a forma como tratam dados e moderam o espaço público digital, e o constitucionalismo, que sempre conhecemos, e assenta na ideia de limitação do poder de quem o tem, evitando que o seu exercício seja realizado de forma discricionária e arbitrária[211]. É, por isso, um movimento teórico que permite repensar a forma como o poder é exercido nas plataformas digitais por entidades privadas, como este deve ser limitado para que possa ser legitimado[212].

A emergência do constitucionalismo digital assenta na ideia segundo a qual as plataformas digitais afetam a evolução do constitucionalismo enquanto movimento cujas dinâmicas e efeitos se encontram já sedimentados, mas também pela forma como este

[209] *Cfr.* Sabino Cassese, *Ruling From Below: Common Constitutional Traditions and Their Role,* **in** NYU Environmental Law Journal, Vol. 29, Issue 3, 2021, p. 616.

[210] *Cfr.* Vasco Pereira da Silva, *"O Gosto de Diderot"...*, cit., p. 71.

[211] *Cfr.* Giovanni de Gregorio, *The Rise of Digital Constitutionalism in the European Union,* **in** International Journal of Constitutional Law, Vol. 19, N.º 1, 2021, p. 58.

[212] *Cfr.* Nicolas Suzor, *Digital Constitutionalism: Using the Rule of Law to Evaluate the Legitimacy of Governance by Platforms,* **in** Social Media + Society, Vol. 4, N.º 3, 2018, p. 4.

deve reagir perante o poder emergente e descontrolado das plataformas digitais implementadas e dirigidas por entes privados[213]. É esse, precisamente, o motivo de existência deste campo teórico do constitucionalismo: articular limites ao exercício do poder privado das plataformas digitais e decidir quem deve exercer esse poder[214].

Não podemos olvidar que as plataformas são construídas à margem do Constitucionalismo e de um exercício de poder equilibrado. Já tivemos oportunidade de assentar na ideia segundo a qual estas foram construídas fora dos princípios e valores constitucionais, fora do princípio democrático e fora da nossa organização enquanto sociedade. Na verdade, estas originaram uma espécie de sociedade do imediatismo, volátil e reativa a estímulos momentâneos e imediatos, assentes na perceção da resolução de todos os problemas à distância de um clique, mas que apenas demonstraram a sua incompatibilidade com a noção tradicional de Estado em que muito do constitucionalismo assentou e, permitindo a proliferação de uma cultura de ineditismo cujos efeitos, se afiguram perniciosos para a geração de consensos democráticos e constitucionais de longo prazo[215].

[213] *Cfr.* Giovanni de Gregorio, *The Rise...*, cit., p. 58.

[214] *Cfr.* Nicolas Suzor, *et ali*, *Evaluating the Legitimacy of Platform Governance: A Review of Research and a Shared Research Agenda*, **in** The International Communication Gazette, Vol. 80, N.º 4, 2018, p. 386.

[215] *Cfr.* Balaguer Callejón, *Redes Sociais...*, cit., p. 584.

III. O papel do constitucionalismo digital é mitigar a ineficácia que as constituições presas ao modelo de Estado-Nação têm diante de agentes globais que não encontram qualquer limite imposto pelo legislador nacional, mercê da sua transnacionalidade e operação num setor amplamente desregulado e assente nas tradicionais liberdades constitucionais. Acresce que, o tempo do constitucionalismo, não é compatível com a velocidade de operação destes agentes que permitem acesso a milhares de falsas soluções em segundos e, como tal, permite que se prometa um feito impossível de realizar[216].

O constitucionalismo digital permite que se percecionem quais os Direitos fundamentais que são exercidos online, quais os Direitos fundamentais que devem ser protegidos online e quais os comportamentos que devem ser vedados ao seu exercício online[217]. Deve, partindo deste movimento teórico, permitir-se que sejam estabelecidos os modos de governação do discurso e do exercício do poder *de facto*, uma vez que hoje quem exerce a hegemonia do poder no mundo digital são as plataformas digitais. Para que esta proteção seja efetiva, é necessária a descentralização da governação do mundo digital, saindo da esfera das plataformas para uma entidade que lhes seja externa e independente[218]. E isto é assim, porque as liberdades individuais e Direitos fundamentais

[216] *Cfr.* Balaguer Callejón, *Redes Sociais...*, cit., pp. 586-587.

[217] *Cfr.* Nicolas Suzor, *Digital...*, cit., p. 4.

[218] *Cfr.* Nicolas Suzor, *Digital...*, cit., p. 5.

dos utilizadores não devem ser determinados por um algoritmo automatizado de uma plataforma digital, esse é, como não poderia deixar de ser, um poder de uma entidade pública[219] ou, melhor dito, do exercício de poderes públicos.

Sucede que, os intermediários, *i.e.* as plataformas digitais, desempenham o papel de domínio sobre a infraestrutura, e sobre esta função, não se levantam problemas de maior, mas excedem esse poder para um papel de controlo sobre tudo o que acontece na «*constelação digital*», sobre o comportamento humano e as decisões que são tomadas com real impacto, como vimos, no princípio democrático e no exercício dessa governação digital[220]. Assim, dentro desse ecossistema digital, as plataformas exibem uma espécie de ordem constitucional interna em que sem qualquer separação de poderes ou garantia de Direitos, tomam as decisões que melhor lhes aprouverem de forma absolutamente discricionária e autoritária[221].

O constitucionalismo digital visará, reduzir a assimetria entre o utilizador e a plataforma, reconhecendo-se os Direitos dos utilizadores em favor das plataformas, reduzindo-se o diferencial de transparência no processo de tomada de decisão das plataformas, humanizando o processo de tomada de decisão digital que as plataformas implementaram com os seus algoritmos, numa espécie de humani-

[219] *Cfr.* Giovanni de Gregorio, *From Constitutional...*, cit., p. 82.

[220] *Cfr.* Nicolas Suzor, *et ali, Evaluating...*, cit., p. 386.

[221] *Cfr.* Giovanni de Gregorio, *From Constitutional...*, cit., p. 89.

zação digital das plataformas[222]. É que, o constitucionalismo digital, assenta na dignidade da pessoa humana, princípio maior do constitucionalismo que influenciará o ecossistema digital a partir do espaço europeu para o espaço global em que as plataformas atuam, limitando-as e humanizando-as[223].

IV. Importa, ao avaliar a construção do constitucionalismo digital, assentar num último ponto decorrente da forma como a entendemos. Para nós, o constitucionalismo digital é ainda uma manifestação inspirada no constitucionalismo multinível, sendo por isso melhor a denominação: constitucionalismo digital multinível. O constitucionalismo multinível trata-se de uma teoria normativa baseada num modelo organizativo para instituições transnacionais partindo de fontes locais e transnacionais que se harmonizam e interpenetram, para um exercício do poder em camadas transparentes e obedientes a um processo organizado e igualitário para todos[224]. Acresce que, com o constitucionalismo multinível se parte da ideia que é a individualidade que faz a diferença, não as construções legais, políticas ou estatais, mas sim a individualidade com todas as suas idiossincrasias[225]. Se isto é verdade, não é menos verdade que o constitucionalismo digital promove a humanização

[222] *Cfr.* Giovanni de Gregorio, *From Constitutional...*, cit., pp. 92-93.

[223] *Cfr.* Giovanni de Gregorio, *The Rise...*, cit., p. 70.

[224] *Cfr.* Ingolf Pernice, *Multilevel...*, cit., p. 547.

[225] *Cfr.* Ingolf Pernice, *Global...*, cit., p. 2.

do mundo digital[226] e, por isso, ao complementarem-se assistimos a um processo de assimilação que promove o surgimento do constitucionalismo digital multinível.

Com o constitucionalismo digital multinível, passaremos à criação de uma relação direta entre as pessoas e instituições que tutelem as plataformas, permitindo que normativos diretamente aplicáveis possuam impacto direto sobre a criação de Direitos ou deveres para o indivíduo, sejam aceites como legítimas pelas suas origens e forma como foram desenhadas, sendo essa aceitação que lhes confere aplicabilidade transnacional por plataformas e utilizadores[227]. Só assim, as plataformas digitais vão passar de entidades que se alimentam de instabilidade e radicalização políticas que favorecem a divisão da sociedade em partes fragmentando o poder democrático promovendo, conscientemente, o retrocesso democrático e social[228]; para, contrariamente, permitirem que o acesso global a informação e conhecimento seja um elemento verdadeiramente transformador da sociedade das estruturas políticas e de poder democráticas[229] assentes numa democracia de massas reforçada pela maior participação cívica assente numa paradoxal nova liberdade individual que expanda as relações humanas num maior circuito

[226] *Cfr.* Giovanni de Gregorio, *The Rise...*, cit., p. 70.

[227] *Cfr.* Ingolf Pernice, *Global...*, cit., p. 26.

[228] *Cfr.* Balaguer Callejón, *Redes Sociais...*, cit., p. 590.

[229] *Cfr.* Ingolf Pernice, *Global...*, cit., p. 34.

de informação e participação do indivíduo que é, por definição, um animal social[230].

Este novo constitucionalismo digital multinível, permite assentar numa lógica robusta, alicerçada na separação de poderes, de garantia de Direitos como maneira de potenciar a proteção das liberdades do indivíduo compatibilizando-os com o seu respeito e exercício no mundo digital[231], conjunto a um sistema que nascendo de uma realidade estranha ao constitucionalismo, se construa com a realização do constitucionalismo digital multinível.

Veremos em seguida, como as medidas nacionais, por si só não acrescentam grandes mutações na esfera de poder que emana das plataformas digitais, influenciando pouco o devir da esfera pública digital, mas que se forem tomadas como parte de uma governação assente em camadas, no estabelecimento de mecanismos e princípios comuns, são muito uteis à constitucionalização das plataformas digitais. É a essa missão que dedicaremos as próximas linhas

230 *Cfr.* Tommaso Frosini, *Il Costituzionalismo...*, cit., p. 14.

231 *Cfr.* Tommaso Frosini, *Internet...*, cit., p. 65.

2) "*Riding the Old Town Road*" – A Estrada das Soluções Nacionais e Europeias a Caminho do *Governance* Digital Multinível

I. O caminho para o sucesso de uma estratégia de governação multinível que parta dos Estados Europeus, para a União Europeia e assim se reproduza num esquema de governação global, assente em consensos próprios dos já referidos três impérios da internet, não será um caminho fácil de percorrer, e assentará sempre nas mesmas dificuldades que a lógica do constitucionalismo global assenta, mas estará mais próxima se recorrermos à lógica de uma governação multinível, assente em várias camadas regulamentares, próxima da Doutrina das «*constituições parciais*».

Assim, importa atentar em algumas soluções encontradas no espaço europeu, com análise da nossa experiência nacional, de algumas pistas lançadas pela experiência alemã, tida como principal influenciadora da proposta do *Digital Services Act* Europeu. É o que faremos nos números seguintes.

a) *A Experiência Portuguesa*

I. Entre nós, há quem considere que a Constituição da República Portuguesa não reconhece a transformação tecnológica que temos vindo a observar com a viragem do milénio, permitindo que um excessivo aproveitamento dessas liberdades crie um vazio constitucional que desprotegeu os cidadãos, assumindo que as plataformas digitais podem ter um efeito pernicioso nas liberdades individuais, devendo limitar o poder de disposição dos dados dos utilizadores, conduzindo a que se produza um modo de vida alicerçado numa "*numa visão única e centralizada do que seria uma vida saudável e digna de ser vivida*"[232].

E, por mais bem-intencionadas e úteis que sejam as propostas apresentadas de incorporação Constitucional[233] estas farão apenas parte de um modelo assente na constituição parcial, como parte das várias camadas em que um modelo multinível assente numa lógica de dentro para fora, *i.e.* do Estado para as organizações em que este se encontre inserido, destacando-se, à cabeça, a União Europeia. A incorporação de valores constitucionais entre ambas é uma parte essencial do modelo que temos vindo a desenvolver.

II. Se é verdade, que há propostas apresentadas que podem ser tidas como possibilidades reais *de jure constituendo*, outras há que são já *de jure constituto*, sendo umas mais polémicas que outras. Contudo, há em todas elas, um denominador comum, a equiparação de regime entre os média decorrentes de plataformas digitais, e os media tradicionais que, salvo melhor opinião são realidades em que apenas o

[232] *Cfr.* Miguel Prata Roque, *A Adaptabilidade Constitucional e a Necessidade de Revisão: Uma Constituição para o Sec. XXI,* **in** Revista de Direito Comercial Número Especial *Liber Amicorum* Pedro Pais de Vasconcelos, 2021, p. 1201-1202.

[233] *Cfr.* Miguel Prata Roque, *A Adaptabilidade...*, cit., pp. 1202-1204.

potencial resultado de informação do público se assemelha entre uns e outros.

Vejamos, desde já a Lei n.º 75-A/2015, de 23 de julho, que regulando a propaganda eleitoral através de meios de publicidade comercial[234], se aplica a todos os órgãos de comunicação social, independentemente do meio ou da plataforma[235]. Assim, até à data de marcação de eleições, pode existir publicação de publicidade paga realizada de forma direta ou indireta através dos meios de publicidade comercial[236]. O legislador, equipara os regimes, estabelecendo que na utilização dos órgãos de comunicação social, os meios de comunicação observam, com devidas adaptações, as mesmas regras dos demais meios de comunicação[237]. Salvo melhor entendimento, esta é uma má solução porque olvida que a disseminação de informação difere entre os meios tradicionais e os meios digitais, devendo por isso o legislador assumir essa diferença e restringir o recurso a propaganda política paga com recurso a meios digitais, uma vez que a comunidade criada alicerçada no pagamento do dízimo a *Silicon Valley* permite a criação de máquinas de desinformação massiva, assim fomentando a criação de barreiras ao debate plural fundamental a uma saudável sociedade de massas. Reconhecer a dife-

[234] *Cfr.* o n.º 2 do artigo 1.º da Lei.

[235] *Cfr.* o n.º 1 do artigo 2.º da Lei.

[236] *Cfr.* o n.º 1 do artigo 10.º da Lei.

[237] *Cfr.* o n.º 1 do artigo 11.º da Lei.

rença de ambos, é meio caminho andado para uma regulação democratizada das plataformas.

III. Ao invés de uma típica reatividade nacional, o legislador decidiu estabelecer por intermédio da Lei n.º 27/2001, de 17 de maio, a Carta Portuguesa dos Direitos Humanos na Era Digital. Na verdade, é curiosa a opção do legislador que estendeu os Direitos Consagrados ao patamar de Direitos Humanos, quando faria muito mais sentido utilizar a expressão Direito fundamental. Acresce que, o legislador da Carta entendeu que se deve olhar para a internet – e, bem-assim, cremos as plataformas digitais – como um "*instrumento de conquista de liberdade, igualdade e justiça social e num espaço de promoção, proteção e livre exercício dos direitos humanos, com vista a uma inclusão social em ambiente digital*"[238], estendendo ao ciberespaço os direitos, liberdades e garantias estabelecidos na Constituição[239].

Sucede que, a Carta possui um tratamento de questões que materialmente são constitucionais, como sejam, por exemplo, o direito de acesso ao ambiente digital[240], a regulação da liberdade de expressão e de criação no ambiente digital[241], mas também não devemos deixar de anotar que, a esmagadora maioria dos direitos apresentados na Carta, são duplicações de Direitos que, de uma forma ou

[238] *Cfr.* o n.º 1 do artigo 2.º da Carta.

[239] *Cfr.* o n.º 2 do artigo 2.º da Carta.

[240] *Cfr.* o artigo 3.º da Carta.

[241] *Cfr.* o artigo 4.º da Carta.

de outra, já vigoram no nosso ordenamento jurídico, quer possuam raiz Constitucional nacional, quer sejam de Direito pátrio ordinário, quer sejam normas materialmente constitucionais Europeias[242], com todas as dificuldades interpretativas com normas e Direitos que possam conflituar entre si por verem a sua origem residir em diversos níveis de governo[243].

Contudo, a discórdia surge da ideia de criação de um «*Direito à proteção contra a desinformação*» em que o Estado Português protege "*a sociedade contra pessoas singulares ou coletivas, de jure ou de facto, que produzam, reproduzam ou difundam narrativa considerada desinformação*"[244], delimitando o conceito de desinformação como "*toda a narrativa comprovadamente falsa ou enganadora criada, apresentada e divulgada para obter vantagens económicas ou para enganar deliberadamente o público, e que seja suscetível de causar um prejuízo público, nomeadamente ameaça aos processos políticos democráticos, aos processos de elaboração de políticas públicas e a bens públicos*"[245], sendo "*informação comprovadamente falsa ou enganadora a utilização de textos ou vídeos manipulados ou fabricados, bem como as práticas para inundar as caixas de correio eletrónico e o uso de redes de seguidores fictícios*"[246].

[242] *Cfr.* a Carta dos Direitos Fundamentais da União Europeia.

[243] *Cfr.* Domingos Farinho, *The Portuguese Charter of Human Rights in the Digital Age: A Legal Appraisal,* **in** #RET – Revista Española de la Transparencia, N.º 13, julio-diciembre 2021, p. 93.

[244] *Cfr.* o n.º 1 do artigo 6.º da Carta.

[245] *Cfr.* o n.º 2 do artigo 6.º da Carta.

[246] *Cfr.* o n.º 3 do artigo 6.º da Carta.

É certo que uma boa parte da celeuma causada pelo artigo 6.º, se prende com uma redação que, materialmente, pode recordar o disposto no artigo 20.º da CRP de 1933[247], e não tanto quanto à utilização de conceitos vagos em matérias que "*deles fosse deduzível um eventual efeito de censura o qual, ainda que indesejado pelo legislador, não seria suscetível de merecer acolhimento constitucional*"[248]. É certo, ainda assim, que se a definição legal de desinformação gizada pelo legislador for considerada válida, ela permite a reformulação do que se deve entender por liberdade de expressão, restringindo a liberdade de expressão àqueles casos que se encontram compreendidos na norma, permitindo que os tais conceitos vagos reformulem um conceito que, entre nós, se encontra estabilizado[249].

O artigo 6.º, opera a uma equiparação ao regime dos media tradicionais que, como já tivemos opor-

[247] Referia o então artigo 20.º que: "*a opinião pública é elemento fundamental da política e administração do País, incumbindo ao Estado defendê-la de todos os factores que a desorientem contra a verdade, a justiça, a boa administração e o bem comum*". Sublinhados nossos.

[248] *Cfr.* o artigo 9.º do Requerimento do Presidente da República a solicitar a fiscalização sucessiva de constitucionalidade do artigo 6.º da Carta pelo Tribunal Constitucional. Acrescenta, ainda, o Presidente no artigo 10.º que: "*importaria clarificar que uma interpretação que conduza a um resultado censório não poderia, de todo e todo, subsistir no nosso sistema constitucional, atingindo de inconstitucionalidade a norma que a suporte*". O requerimento do Presidente da República, encontra-se integralmente disponível em: https://www.presidencia.pt/media/ugdlau2f/requerimento-tc-sucessiva-carta-direitos-era-digital.pdf.

[249] *Cfr.* Domingos Farinho, *The Portuguese...*, cit., p. 97.

tunidade de referir, é uma má solução assente numa apenas aparente equivalência de posições. Essa equiparação, decorre da remissão do direito de queixa do utilizador para a Entidade Reguladora para a Comunicação Social[250]. Percebendo, quiçá, o erro ou a ineficácia da solução, o legislador optou, desastrosamente, por ensaiar uma solução que poderia, para o sistema de governação multinivelada que defendemos, ser bastante interessante, ao estabelecer que "*o Estado apoia a criação de estruturas de verificação de factos por órgãos de comunicação social devidamente registados e incentiva a atribuição de selos de qualidade por entidades fidedignas dotadas do estatuto de utilidade pública*"[251]. No seu Requerimento, o Presidente da República chama à atenção para o desastre, ao referir que se "*poderia incorrer em inconstitucionalidade na medida em que, assentando nos conceitos indeterminados já referidos, previsse a atuação do Estado na criação de estruturas de verificação de factos cujo âmbito de atuação é desconhecido – e não o deveria ser no plano de uma lei restritiva – e cuja natureza ficaria também por esclarecer*"[252]. Mas esta solução poderia ser de facto bastante relevante, uma vez que um dos problemas do *governance* por organismos independentes reside, precisamente, no seu esquema de financiamento que, quando dependem dos Estados que as compõem encontram sempre uma capacidade financeira excessivamente baixa para as suas missões

[250] *Cfr.* o n.º 5 do artigo 6.º da Carta.

[251] *Cfr.* o n.º 6 do artigo 6.º da Carta.

[252] *Cfr.* o artigo 11.º do Requerimento do Presidente da República.

e atribuições, retirando-lhes força na fiscalização do cumprimento destas[253].

Uma última nota relativamente ao regime da Carta para referir que, conforme se notou com o período pandémico que temos vindo a vivenciar e que permite que qualquer tipo de informação incorreta ou maliciosamente produzida, possa minar um processo complexo com uma doença também ela complexa e desconhecida, num ambiente de rápida mudança quanto ao processo científico de investigação e mitigação dos efeitos da doença e processo vacinal, pode promover-se a desestabilização social e o alarme público, redundando em complexos efeitos para os seres humanos que mercê da sua ingenuidade ou falta de conhecimentos, sejam prejudicados por essas campanhas de desinformação orquestradas por lideres populistas que com elas retiram dividendos políticos[254]. A tentativa de mitigar estes efeitos, não poderá deixar de ser compatível com o exercício da liberdade de expressão[255] e sua restrição, quanto mais não seja por respeito pelo princípio da precaução, consequência da incerteza científica.

Em seguida, analisaremos sumariamente a experiência alemã.

[253] *Cfr.* Kristina Daugirdas, *Funding Global Governance,* in NYU Environmental Law Journal, Vol. 29, Issue 3, 2021, p. 641.

[254] *Cfr.* Balaguer Callejón, *Crisis Sanitaria...*, cit., p. 129.

[255] *Cfr.* Domingos Farinho, *The Portuguese...*, cit., p. 100.

b) *A Experiência Alemã*

I. A *Netzdurchsetzunggesetz* (NetzDG) Alemã foi pioneira, tendo entrado em vigor a 1 de outubro de 2017, sendo aplicável aos fornecedores de serviços que, para fins lucrativos, operem plataformas digitais que permitam aos seus utilizadores a partilha de qualquer conteúdo com outros utilizadores que o tornem disponível ao público, vulgarmente designadas de redes sociais.

Excluem-se destas, as plataformas digitais que ofereçam conteúdos jornalísticos ou editoriais, em que a responsabilidade possa recair sobre o próprio prestador de serviços, como também aquelas plataformas concebidas de modo a permitir a comunicação individual ou divulgação de conteúdos específicos[256]. Nos casos em que os utilizadores registados na plataforma sejam inferiores a dois milhões no território da República Federal Alemã, ficam isentas das obrigações de reporte[257].

II. Relativamente às obrigações de reporte, estabelece-se que, nos casos em que as queixas sobre conteúdos considerados ilegais no período de um ano, excedam o número de cem, estas ficam obrigadas a elaborar um relatório semestral em língua alemã com o tratamento que deram a essas queixas e quais as medidas implementadas para prevenir os comporta-

[256] *Cfr.* §1, (1).

[257] *Cfr.* §1, (2).

mentos que conduziram a essas queixas apresentadas pelos utilizadores. Estes relatórios devem ser publicados no jornal oficial e no sítio oficial da internet num lapso temporal de trinta dias após o fim do semestre a que dizem respeito, devendo ser facilmente reconhecíveis e acessíveis permanentemente[258].

A lei estabelece ainda detalhadamente os pontos que devem constar do relatório e que, exemplificativamente se compreendem na explicitação dos esforços para eliminar atividades criminalmente censuráveis da plataforma[259]; a descrição dos mecanismos de submissão de queixas sobre conteúdos ilegais e os critérios de decisão sobre o bloqueio ou remoção desse conteúdo[260]; o número de queixas submetidas nesse período[261]; a organização e os recursos humanos, bem como as suas competências, que compõem a unidade responsável pelo tratamento das queixas dos utilizadores[262]; a relação do número de queixas que no período resultaram em bloqueio ou remoção de conteúdo[263]; o tempo que mediou entre a receção da queixa e a remoção o bloqueio do conteúdo ilegal[264]; e, por fim, quais as medidas para informar

[258] *Cfr.* §2, (1).
[259] *Cfr.* §2, (2), n.º 1.
[260] *Cfr.* §2, (2), n.º 2.
[261] *Cfr.* §2, (2), n.º 3.
[262] *Cfr.* §2, (2), n.º 4.
[263] *Cfr.* §2, (2), n.º 7.
[264] *Cfr.* §2, (2), n.º 8.

o utilizador que submeteu a queixa sobre a decisão respeitante à queixa apresentada[265]

III. Relativamente ao tratamento de queixas sobre conteúdos ilegais, é detalhado no §3, o tratamento que lhes deve ser dado, sendo ainda da responsabilidade das plataformas a manutenção de um procedimento que seja eficaz e transparente para o tratamento das queixas e, bem assim que seja reconhecível, compreensível, acessível e disponível para os utilizadores[266].

O regime jurídico em apreço, no §4, estabelece os casos que possam conduzir à aplicação de coimas, desenhando aquelas que devem ser aplicadas pelos incumprimentos registados quanto ao estabelecido na Lei alemã.

Sendo este um regime pioneiro, como dissemos, é um regime que tem sido visto como influenciador do *Digital Services Act* europeu que analisaremos em seguida.

c) *A Experiência Europeia*

I. A União Europeia despertou há pouco tempo para a necessidade de cooperação com os Estados, reconhecendo que soluções unilaterais destes seriam pouco significantes no que toca à regulação

[265] *Cfr.* §2, (2), n.º 9.

[266] *Cfr.* §3, (1).

das plataformas digitais[267], sendo por isso que a 15 de dezembro de 2020, deu entrada da Proposta de Regulamento do Parlamento Europeu e do Conselho relativo a um mercado único de serviços digitais[268], mudando o paradigma relativo às plataformas digitais, protegendo Direitos fundamentais e protegendo os valores democráticos identitários da União Europeia[269].

A proposta de Regulamento, visa a "*proteção dos direitos fundamentais no ambiente em linha, bem como ao anonimato em linha sempre que tal seja tecnicamente possível. Apelam à transparência, à introdução de obrigações em matéria de informação e à responsabilização dos prestadores de serviços digitais e defendem a introdução de obrigações eficazes para combater os conteúdos ilegais em linha*".

No fundo, a Proposta pode ser encarada como uma expressão de um caminho para o constitucionalismo digital multinível, que é uma parte da arquitetura do sistema composto, entre outros, pelo Regulamento Geral de Proteção de Dados, mas também de

267 E isto sucede, como já vimos, porque são realidades que ocorrem para lá do Estado, não sendo facilmente verificáveis por este, nem podendo ser resolvidas de acordo com as tradicionais formas de resolução de constrangimentos estatais, devendo por isso, investir-se em soluções assentes em consensos de vários estados para o tratamento dos problemas da «*constelação digital*». *Cfr.* INGOLF PERNICE, *Risk Management (I)*..., cit., p. 91.

268 A proposta de Regulamento encontra-se disponível em: https://eur-lex.europa.eu/legal-content/PT/TXT/?uri=CELEX:52020PC0825.

269 *Cfr.* GIOVANNI DE GREGORIO/ORESTE POLLICINO, *The European*..., cit., p. 1.

imposição de valores constitucionais às entidades privadas que controlam as plataformas, limitando o exercício do seu poder[270], na boa tradição do Constitucionalismo.

II. A proposta, estabelece ainda que, com o regulamento se consegue a criação de "*um mercado único de serviços digitais mais aprofundado e sem fronteiras exige uma cooperação reforçada entre os Estados-Membros para garantir uma supervisão e aplicação eficazes das novas regras estabelecidas no regulamento proposto. A proposta estabelece responsabilidades claras para o Estado-Membro responsável pela supervisão do cumprimento das obrigações estabelecidas pelo regulamento proposto pelos prestadores de serviços estabelecidos no seu território. Tal assegura a aplicação mais rápida e mais eficaz das regras e protege todos os cidadãos da UE*".

Com a Proposta, a União reconhece que "*a harmonização das condições para o desenvolvimento de serviços digitais transfronteiras inovadores na União, mantendo simultaneamente um ambiente em linha seguro, só pode ser alcançada a nível da União*". Assim, a lógica de influência decorrente quer da regulamentação alemã para com a proposta de regulamentação da União Europeia, quer da Proposta de Regulamento para outras jurisdições europeias, representam o constitucionalismo multinível em ação, *i.e.* normas materialmente constitucionais europeias, que influenciam e são influenciadas por normas materialmente constitu-

[270] *Idem, idem.*

cionais nacionais, interpenetrando realidades que dependem umas das outras e que sem elas, não se concluirá uma resposta legal adequada a cada caso específico[271].

III. É particularmente relevante a emissão desta Proposta, porque devemos considerar que apenas a União Europeia tem capacidade para lidar com empresas transnacionais que globalizaram a esfera pública que agora é digital, mas também é a única entidade que permite controlar o extraordinário poder que estas exercem de forma discricionária, arbitrária e opaca[272]. Assim, não se afigura despicienda a consideração que a Proposta de Regulamento importa remédios do constitucionalismo, sobretudo quando limita o poder das plataformas e lhes introduz obrigações procedimentais que lhes aumentam os níveis de transparência[273], protegendo dessa forma a liberdade de expressão dos utilizadores, mas também potenciar o Direito a receber informação de forma diversificada e pluralista[274].

O modelo do Direito Constitucional Europeu que já tivemos oportunidade de tratar e se constitui como base da Proposta de Regulamento, permite uma reação aos desafios que as plataformas impu-

[271] *Cfr.* Ingolf Pernice, *Multilevel...*, cit., pp. 544-545.

[272] *Cfr.* Balaguer Callejón, *Las Dos...*, cit., p. 55.

[273] *Cfr.* nomeadamente, os artigos 14.º sob a epígrafe "*mecanismos de notificação e ação*" e 15.º, sob a epígrafe "*exposição de motivos*".

[274] *Cfr.* Giovanni de Gregorio/Oreste Pollicino, *The European...*, cit., p. 4.

seram nomeadamente aos Direitos fundamentais e aos valores democráticos que a sociedade algorítmica coloca em causa, demonstrando, por outra banda, como se pode deslindar um papel fundamental ao mesmo tempo que se protegem os direitos e liberdades essenciais no espaço europeu[275].

d) *Balanço Conclusivo*

I. Um breve balanço conclusivo, não pode deixar de considerar que o caminho catártico que os legisladores nacionais, com especial prevalência para o alemão, mercê de com maior brevidade ter despertado para o problema existente, se afigura como um ponto de partida do que deve ser uma estratégia de governação multinível no espaço Europeu.

Na verdade, e como já tivemos oportunidade de antever, a regulação sectorial que se finda nos muros dos Estados é inaplicável a entidades transnacionais. É certo que a internet globalmente, e as plataformas digitais em especial, produzem problemas relativos a uma possível dificuldade de encontrar a jurisdição que deve ser tida como aplicável a estas entidades[276], ainda que os Direitos Fundamentais protegidos pela Carta dos Direitos Fundamentais da União Europeia,

[275] *Cfr.* Giovanni de Gregorio/Oreste Pollicino, *The European...*, cit., p. 5.

[276] *Cfr.* Domingos Farinho, *The Portuguese...*, cit., p. 100.

sempre sejam aplicáveis a todas as plataformas digitais que operem no espaço europeu.

II. Como bem se compreenderá, a solução para os problemas que derivam das plataformas, sejam eles para o exercício digital de liberdades constitucionais, seja para a possível restrição da liberdade de expressão na esfera digital perpetrada por um ente privado, sempre residirá num sistema compósito que parta de medidas nacionais em simbiose com medidas europeias e abrangentes que legitimem o poder do cidadão e respeitem o princípio da dignidade da pessoa humana, desumanizada sempre que as decisões que lhe digam respeito sejam tomadas por um algoritmo, mais ou menos evoluído, sendo certo que o cumprimento de obrigações constitucionais para com os utilizadores sempre decorram do princípio da dignidade da pessoa humana[277].

Assim, estas soluções globais devem decorrer, desde logo do respeito pelos princípios e valores constitucionais, permitindo que sejam por isso legitimadas por utilizadores, por entidades públicas, mas também, pelas próprias plataformas. Para que as plataformas, passem para o lado constitucional da barricada, abandonando o desrespeito por todos os princípios constitucionais, construindo para si mesmo um esquema paraestatal de curadoria do discurso e da informação, escudada em impossibilidades tecnológicas de difícil comprovação, é necessário que

[277] *Cfr.* PETER HÄBERLE, *The Constitutional...*, cit., p. 81.

estas sejam parte da solução e façam parte de uma governação multinível que exerça as suas competências de forma negociada e colaborativa entre os poderes públicos e as plataformas, em que a substância permita a liberdade de expressão e de utilização, mas se crie uma atmosfera de liberdade e participação.

Em seguida cuidaremos da nossa proposta de *governance* para as plataformas digitais, naquela que será a última paragem deste nosso estudo.

3) O *Governance* Digital Multinível

I. A proposta que nos preparamos para apresentar não colhe unanimidade entre teóricos, nem tão-pouco é isenta de problemas, mas cremos ser este o caminho que permitirá uma efetiva constitucionalização das plataformas digitais e a fuga de um limbo jurídico que em muito tem prejudicado o princípio democrático, bem como a estabilidade e participação dos utilizadores.

Há, desde logo, quem considere que o modelo preferencial, assenta na construção de uma relação fiduciária para as entidades que recolham dados para utilização própria[278]. Na verdade, para esta corrente, as relações fiduciárias servem, precisamente, para os casos em que há uma relação assimétrica entre as partes, alicerçada na diferença de poder entre uma

[278] *Cfr.* Jack Balkin, *How to...*, cit., p. 22.

e outra e os efeitos decorrentes do aproveitamento desse poder, permitindo-se com a relação fiduciária o estabelecimento de deveres de cuidado, de confidencialidade e boa-fé[279], sendo esta uma obrigação que surge pelo especial conhecimento que as plataformas detêm do utilizador, pelo tratamento e recolha de dados que efetuam[280]. Com este entendimento, assume-se que, por menores que sejam os deveres fiduciários a que estas ficam vinculadas, promoverão, necessariamente, uma modificação do seu algoritmo-base, mas também do seu plano de negócio[281]. É que, com a implementação deste modelo, um dos deveres fiduciários a que as plataformas ficam vinculadas, é ao dever de confidencialidade da informação, não podendo ser utilizada de forma a induzir algum tipo de comportamento no utilizador[282]. Por fim, este modelo assenta numa lógica de proporcionalidade e, assim, quanto maior a assimetria de poder, maior o controlo sobre as plataformas e maior a intensidade dos deveres fiduciários devidos aos utilizadores[283].

Cremos que, não obstante a valia teórica da proposta assente numa lógica de especial conhecimento das plataformas sobre o utilizador ser merecedora de uma relação fiduciária, e alguns dos deveres impos-

[279] *Cfr.* Jack Balkin, *The Fiduciary Model of Privacy,* **in** Harvard Law Review Forum, Vol. 134, N.º 1, 2020, pp. 13-14

[280] *Cfr.* Jack Balkin, *Fixing...*, cit., p. 12.

[281] *Cfr.* Jack Balkin, *How to...*, cit., p. 23.

[282] *Cfr.* Jack Balkin, *Fixing...*, cit., pp. 14-15.

[283] *Cfr.* Jack Balkin, *The Fiduciary...*, cit., p. 26.

tos serem essenciais para uma melhoria do espaço público digital, esta não deve ser acolhida na sua plenitude, desde logo porque a relação fiduciária está reservada àquelas situações em que há uma atuação por conta de outrem[284], e não apenas a relações que derivem do especial conhecimento de uma parte em função da outra. Não quer, ainda assim, isto dizer que alguns destes deveres não possam ser parte de um sistema de governação digital multinível, sendo até desejável que o sejam.

II. Em face de já termos considerado a existência de uma nova esfera pública, especialmente assente no mundo digital, somos do entendimento que, os serviços prestados pelas plataformas digitais, devem ser considerados como um serviço de interesse económico geral. Assim, aceitar-se-ia uma situação de monopólio em que operam, ocupando o mesmo patamar que estes serviços ocupam[285]. De igual modo, um caso recente parece ter conduzido a que o Supremo Tribunal dos Estados da América tenha reconhecido que as plataformas digitais devem ser reguladas como «*public utilities*»[286].

[284] *Cfr.* Barreto Menezes Cordeiro, *Relações Fiduciárias: Por uma Doutrina Unitária*, **in** Código Civil. Livro do Cinquentenário, Vol. I, Homenagem ao Professor Doutor Fernando Pessoa Jorge, 2019, Coimbra, Almedina, p. 32 e ss.

[285] *Cfr.* Lorenzo Casini, *Lo Stato...*, cit., p. 23. Cremos, em sentido contrário, Jack Balkin, *How to...*, cit., p. 16.

[286] *Cfr. Biden v. Knight* First Amendment Institute at Columbia University, et al., 593 U.S. __ (2021).

Com a imposição de limites decorrentes de uma lógica de governação multinível, proceder-se-á a uma alteração da arquitetura das próprias plataformas digitais e da escolha do que aparece exposto ao utilizador, permitindo salvaguardar os processos democráticos pela limitação e maior controlo de disseminação de informação falsa e dedicada a grupos específicos assentes em determinados perfis sociológicos, promovendo uma redução da personalização da informação e uma maior abertura à diversidade e pluralidade do conteúdo e informação apresentados[287] permitindo uma maior fragmentação de conteúdo e melhoria de uma experiência saudável e partilhada[288].

III. Assumindo estas limitações, somos do entendimento que a solução que melhor corporiza os valores defendidos por uma lógica de constitucionalismo digital multinível, seja a de um *governance* digital multinível, que se assume como partindo dos três impérios da internet, definindo os princípios e valores constitucionais que todos reconhecem como seus, alargando-os à escala global que, como por osmose, se interrelacionam e promovem, sempre assumindo que as tradições constitucionais locais têm impacto no espaço global[289]. A final, rejeitar-se-á uma regulação agressiva do fenómeno digital, colaborando e partilhando intenções com as plataformas digitais, fazendo parte de uma entidade transnacional de governação.

[287] *Cfr.* Cass Sunstein, *Is Social...*, cit., p. 88

[288] *Cfr.* Cass Sunstein, *Democracy...*, cit., p. 106.

[289] *Cfr.* Sabino Cassese, *Ruling...*, cit., pp. 614-615.

Quando falamos neste modelo de *governance*, referimo-nos a um instrumento eficaz e legitimado tanto pelos Estados como pelas plataformas digitais, que sendo por estas participado permite que as limitações que passam a possuir, sejam por eles apreendidas e percecionadas. Acresce que, este modelo é materialmente constitucional pelo estabelecimento de processos claros, transparentes e previamente determinados, mas também por se revestirem de poderes específicos para a realização dos objetivos pretendidos, *i.e.* a proteção de Direitos fundamentais e não ingerência no princípio democrático. Este será sempre um sistema composto por várias camadas, desde a nacional, à transnacional, até à global, dividindo tarefas e responsabilidades[290]. Este modelo de *governance* que aqui estamos a defender assumirá, mercê da especificidade da matéria que tratamos, uma função de administração desta «*constelação digital*» assente nos princípios constitucionais elencados, mas também uma função de regulação, com a especificidade de incorporar na sua estrutura instituidora, entidades públicas e privadas[291].

Esta construção de um *governance* digital multinível assenta numa simbiose entre o constitucionalismo digital e o constitucionalismo multinível é, por isso, apto a responder a desafios globais, partindo do prin-

[290] *Cfr.* Ingolf Pernice, *Global Cybersecurity...*, cit., pp. 139-140.

[291] *Cfr.* Nico Krisch/Benedict Kingsbury, *Introduction: Global Governance and Global Administrative Law in the International Legal Order*, in The European Journal of International Law, Vol. 17, N.º 1, 2006, pp. 2-3.

cípio da dignidade da pessoa humana e dos princípios e valores constitucionais acordados de forma global, num quadro constitucional emergente desta governação, complementando as legislações nacionais, para questões que se situem num contexto transnacional[292]. Ora, sendo esta uma entidade transnacional a criar, terá de possuir um financiamento externo[293] que, sendo responsabilidade dos seus membros, sejam eles autoridades públicas ou privadas, não pode ficar excessivamente dependente das chamadas contribuições especificadas para determinados fins e determinados resultados[294], devendo por isso ter especificada desde logo a forma de financiamento e as suas fontes de receitas.

Resulta de meridiana evidência que, se rejeita a manutenção da possibilidade de poderes de controlo de conteúdos por parte das plataformas digitais de forma puramente discricionária e arbitrária. Desde logo, porque se afigura contrária à lógica de *governance* que aqui temos estado a defender, por não obedecer a critérios claros, transparentes e não limitadores do poder das plataformas digitais. A estas, devem ser limitados estes poderes de admissão e bloqueio de utilizadores, mediante regras e critérios opacos, transmudando a forma de atuação para uma que seja

[292] *Cfr.* Ingolf Pernice, *Global Cybersecurity...*, cit., p. 190.

[293] E é precisamente por isto que o artigo 6.º, n.º 6 da Carta, poderia ser útil se tivesse uma redação mais ampla no plano dos efeitos do que aquela que possui no plano dos conceitos.

[294] *Cfr.* Kristina Daugirdas, *Funding Global...*, cit., pp. 642-643.

consentânea com o estabelecimento de regras e critérios transparentes, claros, previsíveis e iguais para todos os utilizadores, com uma instância de reavaliação independente das decisões, próxima do «*due process of governance*»[295].

Por fim, e no limite, esta construção visa a garantia de neutralidade em processos democráticos, com atenção à disseminação massiva de informação, com vista a um aumento do controlo algorítmico de notícias potencialmente falsas ou de conteúdo tendencialmente desinformativo, bem como quanto à origem desse conteúdo, responsabilizando-as caso não sejam tomadas as medidas que assegurem essa neutralidade e imparcialidade no conteúdo apresentado pelas plataformas. Se num primeiro momento, esta entidade deve aceitar uma lógica de «*comply or explain*», quando a falta de cumprimento se torna prática recorrente, deve passar para uma lógica de «*enforcement*» que dissuada o incumprimento destas regras.

Em suma, cremos que a construção de um mecanismo de governação digital multinível partindo da cooperação entre Estados e comunidades de Direito, com as plataformas, assente na lógica e nos valores constitucionais, é aquela que melhor se posiciona para resolver um problema que existe e, ao dia de hoje, conhece apenas insipientes regulamentos sectoriais e de índole nacional, que sendo úteis localmente, fracassam espetacularmente no plano internacional.

295 *Cfr.* Nicolas Suzor, *Digital...*, cit., p. 8.

VI. Conclusões

I. As plataformas digitais surgiram com a viragem do século – ainda que as suas bases já se encontrassem lançadas no final dos anos noventa – e com elas surgiu um afã de problemáticas, mas também de possibilidades que ainda hoje se encontram por descobrir plenamente. Com elas surgiu, também, a promessa de um mundo e acesso à informação menos assimétrico, mas rapidamente mergulhámos com a passagem das diversas fases de desenvolvimento num jogo de sombras em que a personalização foi desculpa para a manipulação e balcanização de todo e qualquer debate numa batalha sem tréguas pela razão tribal polarizada e pela descoberta da barricada certa.

II. No seu desenvolvimento, foram beneficiando das tradicionais liberdades constitucionalmente garantidas, desde a liberdade de expressão à livre iniciativa económica, permitindo que sobre elas se fosse erigindo um mantra de intocabilidade, ao mesmo tempo que gozaram de uma total liberdade de disposição do exercício de direitos fundamentais dentro dos seus muros digitais para estabelecer as regras e o julgamento sumário de todo o conteúdo que o seu algoritmo considere atentatório das suas intermináveis condições de utilização.

III. Consideramos, por isso, que através delas se puderam criar os mais variados eventos disruptivos do princípio democrático, com influência na vida de todos os cidadãos e com especial enfoque neste período pandémico em que pudemos explorar o melhor que estas nos oferecem, ao mesmo tempo em que ficámos expostos ao seu lado mais negro. Assim, somos do entendimento que estas produzem a mutação da esfera pública para a esfera digital, originando aquela que consideramos ser a *nouvelle* esfera pública digital.

IV. A publicização da esfera pública digital permite-nos assentar numa aceção cosmopolita de Direito Público em que mais do que considerar que a esfera de discurso gerida por plataformas privadas transnacionais, é não só um assunto de Direito Público, como deve partir do Direito Constitucional as respostas que acabarão por permitir limitar um exercício de poder descontrolado por parte das plataformas, numa concretização que parte dos valores e garantias constitucionais, em vez de lhes passar lateralmente.

V. Assim, cremos que é ao Constitucionalismo Digital Multinível que se vão buscar as respostas necessárias para problemas evidentes e apenas mediante uma lógica de *governance* digital multinível, assente nos valores defendidos e propugnados pela Constituição material europeia decorrente do Tratado de Lisboa, com apoio nos princípios decorrentes da Carta dos Direitos Fundamentais da União Europeia que, com a inspiração decorrente dos princípios e valores Constitucionais dos Estados-membros, se conseguirá estabelecer um sistema compósito que permitirá uma governação multinivelada do fenómeno digital. É certo que na União Europeia não se alcança o fim da história, mas estamos em crer que uma abordagem participada pelos três impérios da internet – Estados Unidos da América, China e União Europeia – permite que se consiga ultrapassar um dos pontos fracos do Constitucionalismo global, *i.e.* a dificuldade de assunção de princípios que sejam globalmente aceites por todos os atores. Assim, mercê da lógica de *governance* que aqui apresentamos, soluções que não compreendam a participação das plataformas digitais estarão condenadas ao fracasso.

VI. Tendo consciência dos problemas decorrentes do exercício do poder excessivo por parte das plataformas digitais, e tendo presente que assumindo que estas são as detentoras das tecnologias empregues, todo e qualquer mecanismo regulatório nunca será extensivo ao ponto de modificar a totalidade dos seus comportamentos, sobretudo num quadro em que o seu modelo económico depende daquilo que devemos proteger, mas por mais pequenas que sejam as mudanças, acabarão sempre por implicar uma adaptação a uma realidade que nos vai escapando por entre os dedos, num permanente jogo do gato e do rato, em que perde a democracia, perdem os cidadãos e ganham os algoritmos. Aos juristas e ao Direito Constitucional, competirá continuar a percorrer o caminho da Constitucionalização destas realidades, aprofundando a limitação do poder e a garantia dos direitos que a este Direito cumpre proteger, na certeza que hoje a realidade histórica nos faz duvidar entre quem são os bons e os maus, os anjos e os demónios, mas "*enquanto houver estrada para andar a gente vai continuar*" rumo ao constitucionalismo digital multinível.

VII. Jurisprudência e Bibliografia

1) Jurisprudência

- *Biden v. Knight* First Amendment Institute at Columbia University, et al., 593 U.S. __ (2021)
- Acórdão do Tribunal de Justiça da União Europeia, de 2-03-2021, Proc. C-824/18.
- Acórdão do Tribunal de Justiça da União Europeia, de 23-04-1986, Processo n.º C-294/83 (*Les Vert*).
- Acórdão do Tribunal de Justiça da União Europeia, de 05-03-1963, Processo n.º C-26/62 (*Van Gend & Loos*).

2) Bibliografia

Alonso, Víctor J. Vásquez, *Twitter No Es Un Foro Público Pero El Perfil de Trump Sí Lo Es. Sobre La Censura Privada de y En Las Plataformas Digitales En Los EE UU*, **in** Estudios de Deusto, Vol. 68, N.º 1, 2020, pp. 475-508, disponível em: https://doi.org/10.18543/ed-68(1)-2020pp475-508.

BALKIN, JACK M., *The Fiduciary Model of Privacy,* **in** Harvard Law Review Forum, Vol. 134, N.º 1, 2020, pp. 11-33, disponível em: https://harvardlawreview.org/2020/10/the-fiduciary-model--of-privacy/.

How to Regulate (and Not Regulate) Social Media, **in** Knight Institute Occasional Paper Series, N.º 1, 2020, Yale Law School, disponível em: https://papers.ssrn.com/sol3/papers.cfm?abstract_id=3484114.

Free Speech Is a Triangle, **in** Columbia Law Review, Vol. 118, N.º 7, 2018, pp. 2011-2056, disponível em: https://columbialawreview.org/content/free-speech-is-a-triangle/.

Fixing Social Media's Grand Bargain, **in** Aegis Series Paper, N.º 1814, 2018, Yale Law School, Public Law Research Paper, pp. 1-20, disponível em: https://www.hoover.org/research/fixing-social--medias-grand-bargain.

Cultural Democracy and The First Amendment, **in** Northwestern University Law Review, Vol. 110, N.º 5, 2016, pp. 1053-1096, disponível em: https://scholarlycommons.law.northwestern.edu/nulr/vol110/iss5/3/.

BARRILAO, JUAN FRANCISCO SÁNCHEZ, *El Derecho Constitucional Ante la Era de Ultrón: La Informática y la Inteligência Artificial como Objeto Constitucional,* **in** Estudios de Deusto – Revista de Derecho Público, Vol. 64, N.º 2, 2016, pp. 225-258, disponível em: https://doi.org/10.18543/ed-64(2)-2016.

BOHMAN, JAMES, *The Transformation of The Public Sphere: Political Authority, Comunicative Freedom, and Internet Publics,* **in** Information Technology and Moral Philosophy, Editores: JEROEN VAN DEN HOVEN e JOHN WECKERT, 2008, New York, Cambridge University Press, pp. 66-92.

CALLEJÓN, FRANCISCO BALAGUER, *Crisis Sanitaria y Derecho Constitucional en el Contexto Global,* **in** Teoría y Realidad Constitucional, N.º 46, 2020, pp. 121-140, disponível em: https://doi.org/10.5944/trc.46.2020.29106.

Redes Sociais, Companhias Tecnológicas e Democracia, Tradução de: HUGO CÉSAR ARAÚJO DE GUSMÃO, **in** Revista de Estudos Institucionais, Volume 6, N.º 2, Maio/Agosto de 2020, pp. 579-

-599, disponível em: https://www.estudosinstitucionais.com/REI/article/view/485.

Las Dos Grandes Crisis Del Constitucionalismo Frente a la Globalización en el Siglo XXI, **in** Revista de Derecho Constitucional Europeo, Año 15, Número 30, julio-diciembre de 2018, pp. 37-62, disponível em: https://www.ugr.es/~redce/REDCE30/ReDCEsumario30.htm.

El Final de Una Época Dorada. Una Reflexión Sobre la Crisis Económica y El Declive del Derecho Constitucional Nacional, **in** Estudos em Homenagem ao Professor Doutor José Joaquim Gomes Canotilho, Vol. II, 2012, Coimbra, Coimbra Editora, pp. 99-121.

El Tratado de Lisboa en el Diván. Una Reflexión sobre Estatalidad, Constitucionalidad Y Unión Europea, **in** Revista Española de Derecho Constitucional, N.º 83, mayo-agosto 2008, pp. 57-92, disponível em: https://www.jstor.org/stable/pdf/24885902.pdf?refreqid=excelsior%3A591c248f944f9b05e5b16b6bd226c302.

Casini, Lorenzo, *Lo Stato Nell'Era di Google,* **in** Rivista Trimestrale di Diritto Pubblico, Fasc. 4, Vol. 1, 2019, disponível em: https://dejure.it/#/home.

Cassese, Sabino, *Ruling From Below: Common Constitutional Traditions and Their Role,* **in** NYU Environmental Law Journal, Vol. 29, Issue 3, 2021, pp. 591-618, disponível em: https://www.nyuelj.org/wp-content/uploads/2021/10/Cassese-Final.pdf.

Stato in Trasformazione, **in** Rivista Trimestrale di Diritto Pubblico, Fasc. 2, 2016, disponível em: https://dejure.it/#/home.

The Global Polity. Global Dimensions of Democracy and the Rule of Law, 2012, Sevilha, Global Law Press – Editorial Derecho Global.

Conde, Enrique Álvarez, *El Derecho Constitucional y La Crisis,* **in** Revista de Derecho Político, N.º 88, 2013, pp. 83-122, disponível em: https://doi.org/10.5944/rdp.88.2013.12792.

Cordeiro, António Barreto Menezes, *Relações Fiduciárias: Por uma Doutrina Unitária,* **in** Código Civil. Livro do Cinquentenário, Vol. I, Homenagem ao Professor Doutor Fernando Pessoa Jorge, 2019, Coimbra, Almedina, pp. 25-47.

DAUGIRDAS, KRISTINA, *Funding Global Governance,* **in** NYU Environmental Law Journal, Vol. 29, Issue 3, 2021, pp. 639-658 disponível em: https://www.nyuelj.org/wp-content/uploads/2021/10/Daugirdas-Post-proof.pdf.

DUBOIS, ELIZABETH/ BLANK, GRANT, *The Echo Chamber is Overstated: The Moderating Effect of Political Interest and Diverse Media,* **in** Information, Communication & Society, Vol. 21, N.º 5, 2018, pp. 729-745, disponível em: https://doi.org/10.1080/1369118X.2018.1428656.

FARINHO, DOMINGOS SOARES, *The Portuguese Charter of Human Rights in the Digital Age: A Legal Appraisal,* **in** #RET – Revista Española de la Transparencia, N.º 13, julio-diciembre 2021, pp. 85-105, disponível em: https://doi.org/10.51915/ret.191.

FROSINI, TOMMASO EDOARDO, *Il Costituzionalismo Nella Società Tecnologica,* **in** Diritto dell'Informazione e dell'Informatica, Fasc. 3, Vol. 1, 2020, disponível em: https://dejure.it/#/home.

Internet Y Democracia, **in** Revista de Derecho Constitucional Europeo, Año 15, Número 30, julio-diciembre de 2018, pp. 63-78, disponível em: https://www.ugr.es/~redce/REDCE30/ReDCEsumario30.htm.

GOLIA, ANGELO JR. / TEUBNER, GUNTHER, *Societal Constitutionalism (Theory Of),* **in** Max Planck Institute for Comparative Public Law & International Law (MPIL), Research Paper N.º 2021-08, 2021, disponível em: https://papers.ssrn.com/sol3/papers.cfm?abstract_id=3804094.

GREGORIO, GIOVANNI DE, *The Rise of Digital Constitutionalism in the European Union,* **in** International Journal of Constitutional Law, Vol. 19, N.º 1, 2021, pp. 41-70, disponível em: https://doi.org/10.1093/icon/moab001.

From Constitutional Freedoms to The Power of The Platforms: Protecting Fundamental Rights Online in The Algorithmic Society, **in** European Journal of Legal Studies, Vol. 11, N.º 2, 2019, pp. 65-103, disponível em: https://cadmus.eui.eu/handle/1814/63309.

GREGORIO, GIOVANNI DE/ POLLICINO, ORESTE, *The European Constitutional Road to Address Platform Power,* **in** VerfBlog, 31-08-2021, disponível em: https://verfassungsblog.de/power-dsa-dma-03/.

HÄBERLE, PETER, *El Constitucionalismo como Proyecto Científico*, Tradução: MIGUEL AZPITARTE SÁNCHEZ **in** Revista de Derecho Constitucional Europeo, Año 15, N.º 29, Enero-Junio de 2018, pp. 105-117, disponível em: https://www.ugr.es/~redce/REDCE29/ReDCEsumario29.htm.

Dankesrede Lissabon 13. Mai 2014, **in** O Constitucionalismo do Séc. XXI na sua Dimensão Estadual, Supranacional e Global. Congresso em honra de PETER HÄBERLE (por ocasião do seu 80.º aniversário), Coord.: VASCO PEREIRA DA SILVA/ FRANCISCO BALAGUER CALLEJÓN, 2015, Lisboa, ICJP, disponível em: https://www.icjp.pt/sites/default/files/publicacoes/files/ebook_haberle2014_icjp_fct.pdf.

El Constitucionalismo Universal Desde las Constituciones Parciales Nacionales e Internacionales. Siete Tesis, Tradução: FRANCISCO BALAGUER CALLEJÓN, **in** Direito Público, Ano X, N.º 54, novembro-dezembro de 2013, pp. 9-13, disponível em: https://www.portaldeperiodicos.idp.edu.br/direitopublico/article/view/2363/1219

The Constitutional State and Its Reform Requirements, Tradução de: NILS JUNGE, **in** Ratio Juris, Vol. 13, Issue 1, 2000, pp. 77-94, disponível em: https://onlinelibrary.wiley.com/doi/abs/10.1111/1467-9337.00141.

Derecho Constitucional Común Europeo, Tradução de: EMILIO MIKUNDA FRANCO, **in** Revista de Estudios Políticos, N.º 79, 1993, pp. 7-46, disponível em: https://dialnet.unirioja.es/servlet/articulo?codigo=27209.

HABERMAS, JÜRGEN, *The Crisis of the European Union in the Light of a Constitutionalization of International Law*, **in** European Journal of International Law, Vol. 23, Issue 2, 2012, pp. 335-348, disponível em: https://academic.oup.com/ejil/article/23/2/335/487268.

KANT, IMMANUEL, *A Paz Perpétua*, **in** A Paz Perpétua e Outros Opúsculos, Tradução de ARTUR MORÃO, 2018, Lisboa, Edições 70, pp. 129-185.

KRISCH, NICO/ KINGSBURY, BENEDICT, *Introduction: Global Governance and Global Administrative Law in the International Legal Order*, **in** The European Journal of International Law, Vol. 17, N.º 1, 2006, pp. 1-13, disponível em: https://doi.org/10.1093/ejil/chi170.

KUMM, MATTIAS, *The Cosmopolitan Turn in Constitutionalism: An Integrated Conception of Public Law,* **in** Indiana Journal of Global Legal Studies, Vol. 20, N.º 2, 2013, pp. 605-628, disponível em: https://www.jstor.org/stable/10.2979/indjglolegstu.20.2.605.

LAVOURAS, MATILDE, *O Algoritmo Mestre: Um Bem Público Global,* **in** Boletim de Ciências Económicas, Vol. LXII, 2019, Coimbra, Faculdade de Direito da Universidade de Coimbra | Instituto Jurídico, pp. 47-76.

LESSIG, LAWRENCE, *Reading the Constitution in Cyberspace,* **in** Emory Law Journal, Vol. 45, N.º 3, 1996, pp. 869-910, disponível em: https://heinonline.org/HOL/P?h=hein.journals/emlj45&i=880.

LOUGHLIN, MARTIN, *The Contemporary Crisis of Constitutional Democracy,* **in** Oxford Journal of Legal Studies, Vol. 39, N.º 2, 2019, pp. 435-454 disponível em: https://academic.oup.com/ojls/article/39/2/435/5371502?login=true.

MENEZES, PAULO BRASIL, *Fake News. Modernidade, Metodologia e Regulação,* Prefácio: FRANCISCO BALAGUER CALLEJÓN, 2020, Salvador - Bahia, Editora Jus Podium.

MORALES, ANA GALDÁMEZ, *Posverdad y Crisis de Legitimidad: El Creciente Impacto de las Fake News,* **in** #RET Revista Española de la Transparencia, N.º 8, 2019, pp. 25-44, disponível em: http://dx.doi.org/10.51915/ret.45.

MOREIRA, VITAL, *Constitucionalismo Supranacional: A União Europeia Depois do Tratado de Lisboa,* **in** Estudos em Homenagem ao Professor Doutor JOSÉ JOAQUIM GOMES CANOTILHO, Vol. II, 2012, Coimbra, Coimbra Editora, pp. 503-539.

PALOP, ANDRÉS BOIX, *La Construcción de los Límites a la Libertad de Expresión en las Redes Sociales,* **in** Revista de Estudios Políticos, N.º 173, julio-septiembre, 2016, pp. 55-112, disponível em: https://doi.org/10.18042/cepc/rep.173.02;

Libertad de Expresión y Pluralismo en la Red, **in** Revista Española de Derecho Constitucional, Ano 22, N.º 65 mayo-agosto, 2002, pp. 133-180, disponível em: http://www.cepc.gob.es/publicaciones/revistas/revistaselectronicas?IDR=6&IDN=367.

PERNICE, INGOLF, *Risk Management in the Digital Constellation – A Constitutional Perspective (Part II),* **in** Revista de Internet, Derecho Y Política, N.º 27, 2018, pp. 79-95, Disponível em: https://www.raco.cat/index.php/IDP/issue/view/26312.

Risk Management in the Digital Constellation – A Constitutional Perspective (Part I), **in** Revista de Internet, Derecho Y Política, N.º 26, 2018, pp. 83-94, disponível em: https://www.raco.cat/index.php/IDP/issue/view/26191.

Global Cybersecurity Governance: A Constitutionalist Analysis, **in** Global Constitutionalism, Vol. 7, Issue 1, 2018, pp. 112-141, Disponível em: https://doi.org/10.1017/S2045381718000023.

EU Democratic Legitimacy and Multilevel Constitutionalism in the Digital Age?, **in** International Conference on 'European Economic Governance And The Future Of European Democracy', Rome-Ventotene, 2016, pp. 1-11, disponível em: https://www.hiig.de/publication/eu-democratic-legitimacy-and-multilevel-constitutionalism-in-the-digital-age/.

Multilevel Constitutionalism and the Crisis of Democracy in Europe, **in** European Constitutional Law Review, Volume 11, Issue 3, Dezembro de 2015, pp. 541-571.

Global Constitutionalism and the Internet. Taking People Seriously, **in** HIIG Discussion Paper Series, N.º 2015-01, 2015, pp. 1-48, disponível em: https://ssrn.com/abstract=2576697.

European v. National Constitutions, **in** European Constitutional Law Review, Vol. 1, 2015, pp. 99-103.

The Treaty of Lisbon: Multilevel Constitutionalism in Action, **in** The Columbia Journal of European Law, Volume 15, N.º 3, 2009, pp. 349-407, disponível em: https://www.researchgate.net/publication/228228045_The_Treaty_of_Lisbon_Multilevel_Constitutionalism_in_Action.

Peters, Anne, *The Merits of Global Constitutionalism,* **in** Indiana Journal of Global Legal Studies, Vol. 16, N.º 2, 2009, pp. 397-411, disponível em: https://www.repository.law.indiana.edu/ijgls/vol16/iss2/2.

Peters, Jonathan/Johnson, Brett, *Conceptualizing Private Governance in a Networked Society,* **in** North Carolina Journal of Law & Technology, Vol. 18, N.º 1, 2016, pp. 15-68, disponível em: https://scholarship.law.unc.edu/ncjolt/vol18/iss1/2.

POST, ROBERT C., *The Constitutional Concept of Public Discourse: Outrageous Opinion, Democratic Deliberation, and Hustler Magazine v. Falwell*, **in** Harvard Law Review, Vol. 103, N.º 3, 1990, pp. 601-686, disponível em: https://digitalcommons.law.yale.edu/fss_papers/210/.

RIBEIRO, NELSON, *Desinformação Online. O Impacto da Propaganda Participativa*, 2021, Lisboa, Universidade Católica Editora.

ROQUE, MIGUEL PRATA, *A Adaptabilidade Constitucional e a Necessidade de Revisão: Uma Constituição para o Sec. XXI*, **in** Revista de Direito Comercial Número Especial *Liber Amicorum* PEDRO PAIS DE VASCONCELOS, 2021, pp. 1197-1228, disponível em: https://www.revistadedireitocomercial.com/a-adaptabilidade-constitucional-e-a-necessidade-de-revisao.

SCHIFFRIN, ANYA, *Disinformation and Democracy: The Internet Transformed Protest But Did Not Improve Democracy*, **in** Journal of International Affairs, Vol. 71, N.º 1, 2017, pp. 117-126, disponível em: https://www.jstor.org/stable/26494367?seq=1&cid=pdf-reference.

SILVA, VASCO PEREIRA DA, *The New World of Information and New Technologies in Constitutional and Administrative Law*, **in** ELPIS v-Law Review, N.º 3, 2021, 20(2)1 Law in a Space Odissey – Robots, Computers, Digitalization as the New Challenges to the Law, disponível em: https://youtu.be/qiwXNyCgf94.

– *O Impacto do Direito Administrativo sem Fronteiras no Direito Administrativo Português*, **in** Direito Constitucional e Administrativo sem Fronteiras, 2019, Coimbra, Almedina, pp. 37-64.

– *"O Gosto de Diderot" e a Constituição Europeia*, **in** Direito Constitucional e Administrativo sem Fronteiras, 2019, Coimbra, Almedina, pp. 67-80.

SOARES, ROGÉRIO GUILHERME EHRHARDT, *Direito Público e Sociedade Técnica*, 1969, Coimbra, Atlântida Editora.

SPENCER, SHAUN B., *The Problem of Online Manipulation*, **in** University of Illinois Law Review, Vol. 2020, N.º 3, 2020, pp. 959-1005, disponível em: https://illinoislawreview.org/print/vol-2020-no-3/the-problem-of-online-manipulation/.

STUART, ALLYSON HAYNES, *Social media, Manipulation and Violence*, **in** South Carolina Journal of International Law and Business,

Vol. 15, N.º 2, 2019, pp. 100-132, disponível em: https://scholarcommons.sc.edu/scjilb/vol15/iss2/7/.

SUNSTEIN, CASS R., *Is Social Media Good or Bad for Democracy?*, **in** SUR – International Journal on Human Rights, 27, 2018, pp. 83-90, disponível em: https://sur.conectas.org/en/is-social-media-good-or-bad-for-democracy/.

Democracy and the Internet, **in** Information Technology and Moral Philosophy, Editores: JEROEN VAN DEN HOVEN e JOHN WECKERT, 2008, New York, Cambridge University Press, pp. 93-110.

The Law of Group Polarization, **in** The Journal of Political Philosophy, Vol. 10, N.º 2, 2002, pp. 175-195, disponível em: https://onlinelibrary.wiley.com/doi/abs/10.1111/1467-9760.00148

SUZOR, NICOLAS, *Digital Constitutionalism: Using the Rule of Law to Evaluate the Legitimacy of Governance by Platforms*, **in** Social Media + Society, Vol. 4, N.º 3, 2018, pp. 1-11, disponível em: https://doi.org/10.1177%2F2056305118787812.

SUZOR, NICOLAS, ***et. ali***, *Evaluating the Legitimacy of Platform Governance: A Review of Research and a Shared Research Agenda*, **in** The International Communication Gazette, Vol. 80, N.º 4, 2018, pp. 385-400, disponível em: https://doi.org/10.1177%2F1748048518757142.

TEUBNER, GUNTHER, *The Project of Constitutional Sociology: Irritating Nation State Constitutionalism*, **in** Transnational Legal Theory, Vol. 4, N.º 1, 2013, pp. 44-58, Disponível em: https://doi.org/10.5235/20414005.4.1.44.

TOMPROS, LOUIS, ***et al.***, *The Constitutionality of Criminalizing False Speech Made on Social Networking Sites in a Post-Alvarez, Social Media-Obsessed World*, **in** Harvard Journal of Law & Technology, Vol. 31, N.º 1, 2017, disponível em: https://jolt.law.harvard.edu/assets/articlePDFs/v31/31HarvJLTech65.pdf.

VIELLECHNER, LARS, *Constitutionalism as a Cipher: On the Convergence of Constitutionalist and Pluralist Approaches to the Globalization of Law*, **in** GoJIL – Goettingen Journal of International Law, Vol. 4, N.º 2, 2012, pp. 599-623, disponível em: https://www.gojil.eu/42-home.

VOLK, CHRISTIAN, *Why Global Constitutionalism Not Live Up To Its Promises*, **in** GoJIL – Goettingen Journal of International Law,

Vol. 4, N.º 2, 2012, pp. 551-579, disponível em: https://www.gojil.eu/42-home.

Weaver, Russell L., *Social Media Platforms and Democratic Discourse*, **in** Lewis & Clark Law Review, Volume 23, N.º 4, 2020, pp. 1385-1416, disponível em: https://law.lclark.edu/live/files/29480-lcb234art6weaverpdfpdf.

Zuboff, Shoshana, *A Era do Capitalismo da Vigilância – A Disputa por um Futuro Humano na Nova Fronteira do Poder*, Tradução: Luis Filipe Silva e Miguel Serras Pereira, 2020, Lisboa, Relógio de Água.